SOCIÉTÉ

RACINIENNE,

CONGRÈS

LITTÉRAIRE ET ARTISTIQUE,

SESSIONS DE 1842 ET DE 1843.

MEAUX. — IMPRIMERIE A. CARRO.

1844.

SOCIÉTÉ RACINIENNE.

60907

SOCIÉTÉ

RACINIENNE,

CONGRÈS

LITTÉRAIRE ET ARTISTIQUE,

SESSIONS DE 1842 ET DE 1843.

MEAUX. — IMPRIMERIE A. CARRO.

1844.

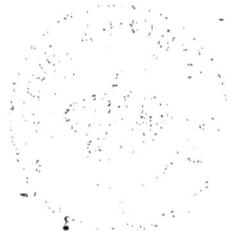

SOCIÉTÉ RACINIENNE.

CONGRÈS

ARTISTIQUE ET LITTÉRAIRE,

2ᵉ SESSION.

Le 25 juin 1841, à midi, la Société Racinienne se réunit, en assemblée particulière, conformement à ses statuts, dans le local préparé à cet effet, à La Ferté-Milon, patrie de Racine.

LE BUREAU AINSI COMPOSÉ :

MM.

De Noailles, duc de Poix, président titulaire;

De Sade, député, vice-président;

Wallon, maire de Marolles, id.

Chartier, maire de La Ferté-Milon, id.

Nerad de Lesguilé, sous-préfet, pour le préfet, président honoraire;

de Roosmalen, vice-président honoraire;

Billet Bligny, secrétaire général;

Marie Aycart, faisant les fonctions de sécrétaire;

1

Monsieur le Président ouvre la séance et prononce le discours suivant :

Messieurs,

« On célèbre avec raison les succès de la Société que j'ai
» l'honneur de présider, on m'y croirait indifférent si je gar-
» dais aujourd'hui le silence.

» Oui, du haut du Parnasse, où le grand Racine a reçu la
» couronne de l'immortalité, il protège encore sa ville natale,
» et la récompense d'avoir honoré sa mémoire; notre société
» prospère, nos concours sont recherchés ; plusieurs membres
» de l'Académie française, de cette académie attaquée elle-
» même dès son origine sans que le fauteuil qu'elle accorde ait
» cessé d'être ambitionné par les hommes de mérite de tous les
» siècles, d'illustres membres de cette académie ont répondu à
» l'appel qui leur avait été fait, et comptent parmi nous. Les
» pièces en prose et en vers, qui nous ont été adressées, décou-
» vrent des talens déja arrivés à un grand développement, d'au-
» tres promettent, avec le secours de l'étude, de perfectionner
» leurs essais. Espérons, Messieurs! des maîtres tels que
» Racine et Lafontaine, unis par un heureux voisinage, sau-
» ront féconder le champ des lettres qu'ils ont si brillam-
» ment cultivé.

» La Fontaine! vous qui, avec une flexibilité incroyable de
» talent, tantôt, revêtez des formes de la plus haute poésie
» de nobles, d'énergiques pensées; tantôt avec un charme
» sans pareil, savez peindre les plus douces comme les plus
» simples affections de l'âme : associé de gloire à notre Racine,
» comme vous l'êtes à l'hommage que nous lui rendons, l'é-
» tude de vos ouvrages guidera la jeunesse studieuse; elle en a
» déjà profité, puisqu'elle sait les apprécier, et vous pardon-
» nerez à ceux de nos écrivains qui engagés dans de nouvel-
» les routes que vous n'avez jamais fréquentées, savent cepen-

» dant produire ce beau dans les arts, admirable à quelqu'é-
» cole qu'il appartienne, mais où n'atteindront jamais ces
» écarts insensés de la composition littéraire, protestations
» coupables contre le bon sens et le bon goût ».

M. le secrétaire général a la parole et prononce le discours suivant :

MESSIEURS,

Depuis notre dernier Congrès, notre Société s'est augmen-
tée sensiblement. Son but, que vous avez compris dès son
aurore n'a pas été méconnu. Des membres de l'Académie française en assez grand nombre, se sont inscrits parmi nous et
viennent donner par l'éclat de leur renommée littéraire et
poétique, à notre institution toute l'importance et la gravité
que doivent assurer aux travaux littéraires des juges aussi
spéciaux.

Je vais vous donner lecture de leurs lettres d'adhésion, elles
expriment des sentiments qui flattent et honorent l'association.

Paris, 20 mai 1842.

Monsieur,

« Vous avez raison de penser que je me trouverai, aussi
» bien que mes illustres confrères, honoré d'associer mon nom
» à une réunion qui s'est formée dans le noble but de rendre
» un culte à la mémoire de Racine. Sa gloire n'a certes pas
» besoin de vengeurs, elle subsistera dans tout son éclat, tant
» que durera la langue française ; mais c'est une heureuse
» idée d'avoir placé sous la protection de son nom, une asso-
» ciation littéraire. »

Je suis, etc.

BARANTE.

Paris 24 mai 1842.

Monsieur,

« J'ai reçu la lettre que vous avez bien voulu m'écrire. Je
» me trouverai très honoré de voir mon nom inscrit sur la
» liste de la *Société Racinienne.*

» Quel Français d'ailleurs pourrait rester étranger au culte
» nouveau que vous inspire la mémoire de l'un de nos plus
» grands hommes! Racine est l'écrivain le plus parfait du
» beau siècle de notre littérature. D'autres siècles ont eu
» d'autres avantages. Vous aurez beaucoup fait, Messieurs,
» pour notre langue, si vous ramenez l'étude du dix-septième
» siècle, le seul qui en ait connu toutes les ressources et qui
» en ait constamment suivi le génie. »

Recevez, Monsieur, etc.

FLOURENS.

Paris, 5 juin 1842.

Monsieur,

« J'accepte avec plaisir l'honneur que veut bien me faire la
» Société Racinienne de La Ferté-Milon. C'est une heureuse
» idée d'avoir fondé une réunion littéraire dans le lieu même
» qui a donné naissance à l'un des hommes qui ont jeté le plus
» de gloire sur les lettres françaises.

» Je m'associe à cette idée de grand cœur et je ne saurais
» trop vous remercier d'avoir songé à moi. »

Veuillez, Monsieur, etc.

ALEXIS DE TOCQUEVILLE.

Paris, 17 juin 1842.

Monsieur,

« Des affaires de toute espèce m'ont empêché jusqu'à ce
» jour de répondre à la lettre que vous m'avez fait honneur de
» m'écrire au nom de la Société Racinienne. Personne plus que
» moi n'a salué de ses applaudissemens la fondation de cette

» Société et l'hommage qu'elle rendait au plus pur, au plus
» élégant, au plus harmonieux de nos Poètes, à celui qui
» appartient au monde entier au même titre que Virgile. J'ai
» combattu de toutes mes forces cette secte de charlatans
» littéraires qui, sur la scène et dans les feuilletons, préten-
» dait anéantir cette belle gloire. Le bon sens public com-
» mence, grâces au ciel, à en faire justice, et la France rou-
» gira un jour d'avoir encouragé l'impertinence de ces héré-
» tiques. Je m'inscris volontiers au nombre de vos associés
» honoraires, puisque vous voulez bien m'en offrir le titre.
» Je fais des vœux pour la prospérité de cet établissement
» national et vous prie de croire,

> Monsieur, etc.

> VIENNET, de l'Académie Française.

Paris, 20 juin 1842.

Monsieur,

« La Société Racinienne se propose un but trop utile, elle
» est placée sous de trop illustres auspices et se compose de
» membres trop honorables pour que je ne sois pas empressé
» de répondre au vœu que vous me faites la grâce d'exprimer.
» Je tiens à honneur de faire partie de votre noble association,
» Monsieur. La ville de La Ferté-Milon avait dû au hasard le
» bonheur de donner Racine à la France, elle a aujourd'hui
» une gloire plus grande, celle d'entourer cette immortelle
» mémoire de dignes hommages et elle ne la doit qu'à l'éléva-
» tion de ses sentimens et à ses lumières. »

> Veuillez, Monsieur, etc.

> SALVANDY, de l'Académie Française.

Paris.

Monsieur,

« Monsieur le duc de Poix m'ayant appris que la Société
» Racinienne fondée dans la ville natale de notre grand

» Racine, me ferait l'honneur de m'admettre au nombre de
» ses membres, je viens lui en témoigner ma reconnaissance
» et vous dire que je m'associerai toujours avec un même
» empressement à tout hommage rendu au Virgile Français,
» à l'un des poètes qui honorent le plus notre patrie et nos
» lettres. »

Veuillez agréer, etc.

Molé, de l'Académie Française.

En dehors des lettres reçues des membres de l'Académie française, permettez-moi de vous donner connaissance d'une lettre de l'un de nos co-sociétaires, dont les développements peuvent vous intéresser :

Loches 3 mai 1842.

Monsieur,

« Je vous adresse mes remercîmens pour le diplôme dont
» vous avez bien voulu m'honorer. Ma demande ne vous a pas
» été par moi directement adressée ; je craignais que mes
» opinions littéraires qui ne sont exclusives d'aucune école
» ne fussent un obstacle à mon admission. Monsieur le baron
» De la Cour mon beau-père a pensé que l'amour du beau
» sans système, qu'une passion profonde pour l'art, qu'un res-
» pect religieux des chefs-d'œuvre était un titre auprès de
» vous ; je le remercie de la demande qu'il a faite en mon
» nom, demande qui m'a fait recevoir la faveur dont je tâche-
» rai de me rendre aussi digne que j'en suis reconnaissant.

» Je ne suis pas exclusif en littérature, je ne brise pas les
» vieilles statues, mais je n'empêche pas d'en élever de nou-
» velles. Je respecte les anciennes cordes de la lyre, mais je
» n'arrache pas celles qu'on y a ajoutées. L'école nouvelle a
» chargé de plus de couleurs la palette des poètes, j'y ai
» trempé mes pinceaux, mais sans négliger pour la couleur,
» la pensée, qui est à la poésie ce que le dessin est à la pein-

» ture, j'ai été pour Rubens, mais en regardant Raphaël. Les
» novateurs ont, suivant moi, un tort grave, c'est de vouloir
» élever leurs monumens sur des ruines. Ils ont cherché à
» bâtir la nouvelle école sur les débris de l'ancienne, ils
» devaient bâtir en face. J'avoue que la nouvelle école abuse
» un peu de la couleur, elle use plus de pinceaux que de
» crayons, l'étude des anciens maîtres lui manque, c'est dans
» l'antique seulement qu'elle retrouvera cette perfection de
» lignes, cette suavité de contours dont on se passe un peu
» trop facilement aujourd'hui. Je ne suis pas un *Ingriste* litté-
» raire, je n'en contribuerai pas moins de toutes mes forces
» au retour vers l'étude de l'antique, vers celle de Racine qui
» est le Raphaël de la littérature. Quelques modifications ont
» été apportées au style, quelques formes nouvelles ont rem-
» placé celles qui ont vieilli, je les admets, autant seulement
» qu'elles ont peu d'importance, et quelles eussent été em-
» ployées par nos grands maîtres s'il eussent vécu de notre
» tems.

» Voilà ma profession de foi littéraire nettement et fran-
» chement formulée, je ne pense pas qu'elle puisse donner
» des regrets de m'avoir admis : je ne suis ni pour les admi-
» rations muettes, ni pour les admirations aveugles ; il
» faut regarder ce qu'on admire, même quand on saurait
» qu'on va y trouver quelque défauts. Les taches du soleil
» n'empêchent pas l'aigle de le fixer. Il est vrai qu'il y a peu
» d'aigles. »

Daignez agréer Monsieur etc.

DELPHIS DE LA COUR.

Ainsi, Messieurs, tous ces honorables sentiments que vous
venez d'entendre doivent être un motif pour fixer les hésita-
tions et assurer au Congrès des adhésions d'encouragement en
nous fournissant les moyens d'assurer des récompenses plus
dignes aux meilleurs produits offerts, et qu'il me soit permis,

Messieurs, de répondre aux attaques lancées contre le peu de valeur des récompenses offertes cette année.

Nous n'avons pas dû penser que la valeur matérielle de la médaille devait être le mobile le plus puissant d'émulation pour les travailleurs, et ces derniers l'ont bien compris puisque les travaux ne nous ont pas manqué.

Dans un siècle où tout se pèse au poids de l'or, il n'en existe pas moins des sentiments élevés, des personnes qui attachent à la gloire de la publicité plus d'importance qu'à la valeur intrinsèque de la médaille. Notre association elle même n'est-elle pas la preuve de ce désintéressement honorable qui la maintiendra à la hauteur où vous l'avez placée.

Certes, Messieurs, pour entreprendre cette tâche immense d'un Congrès dans une localité aussi restreinte, il ne faut pas moins que votre concours désintéressé et ces soins de tous les jours pour en soutenir le poids.

Le zèle de notre fondateur s'est accru avec l'importance de la Société et doit lui en assurer la reconnaissance. L'ingratitude ne peut se glisser dans une association comme la nôtre, et, plus que tout autre, j'ai été à même d'apprécier l'étendue des peines que s'est donné M. de Roosmalen.

Il n'était pas moins important pour nous de trouver près de M. Wallon tout le zèle et les soins persévérans qu'il a déployés avec ce désintéressement qui surmonte toutes les difficultés.

L'an dernier, Messieurs, j'ai eu l'honneur d'entretenir l'assemblée de la part prise par chaque membre du bureau dans notre organisation ; je me suis abstenu de vous parler de M. Jay de l'Académie française parceque nous avions promesse de le posséder cette année. C'est à cet illustre littérateur, idolàtre de notre immortel compatriote que nous devons le reveil de la léthargie bureaucratique dans laquelle nos statuts se trouvaient plongés. Nos intentions, il les a puissamment fécondées, il a soutenu dans les colonnes du Constitutionnel l'opportunité de notre Congrès pour la littérature menacée. Sa haute capacité, son admiration pour le vrai beau lui en faisaient un devoir. Il serait au milieu de nous sans une grave indisposition, et sa présence au berceau de Racine eut été un nouvel hommage à sa mémoire dont nous serions demeurés fiers.

Si je vous ai entretenu des membres qui ont eu le plus d'influence, je n'ai pas méconnu combien chaque Sociétaire en particulier coopérait par son inscription à nous créer les ressources nécessaires pour arriver au but déjà atteint. Notre Congrès est en voie de prospérité, votre zèle loin de se ralentir doit être fier de ce succès.

Nous désirons chaque année des travaux de plus en plus importans. Il faut que la France entière sache que tout ce qu'elle possède d'élevé dans la littérature se donne rendez-vous désormais dans la patrie de Racine.

A la vérité, Messieurs, nos ressources de localité ne sont point à la hauteur de semblable pélérinage, c'est un de nos grands regrets ; la bonne volonté ne suffit pas toujours, il faut donc que votre indulgence dans toute son étendue y supplée.

Permettez nous d'y compter, Messieurs, et d'espérer que les sacrifices vous deviendront légers en songeant à l'importance de cette entreprise, appelée à rendre un service immense aux lettres et aux arts.

Il est beau, il est grand de donner l'exemple de la fierté nationale en rendant un éclatant hommage au génie sublime qui dans nos murs a reçu le premier souffle de la vie.

M. Wallon lit, pour M. Villenave père, cet aperçu statisti-
que de l'état des lettres, des sciences et des arts en France
(1842) :

« Des esprits chagrins disent que les lettres s'en vont, que
» le monde intellectuel est en décadence parceque tout y
» devient matériel et positif.

» Et cependant on ne vit, dans aucun autre temps, le mou-
» vement de l'esprit humain si vif, si rapide, si général.

» Tout fait effort, tout s'agite pour grandir, s'élever et bril-
» ler dans les lettres comme dans les sciences et dans
» les beaux-arts.

» La France qui, au dix-septième siècle, lorsque parut le
» Cid, n'avait encore qu'une seule Académie, compte aujour-
» d'hui plus de Sociétés Littéraires ou Savantes qu'elle n'a
» de chefs-lieux de département.

» A l'époque où Racine donnait Andromaque, la France
» ne possédait encore qu'un seul journal. (la Gazette, que suivit
» le Mercure galant, et puis le Journal des Savans). Aujourd'hui,
» Paris compte plus de deux cents feuilles périodiques; et les
» départemens en publient plus de trois cents.

» Lorsque Corneille et Racine écrivaient, Paris n'avait
» que trois théâtres et on n'en comptoit que cinq ou six dans
» les provinces. De nos jours, Paris et sa banlieue en ont plus
» de vingt, et les départemens plus de cent. Les représen-
» tations dramatiques sont comme un besoin de notre époque ;
» et les drames français et les artistes français brillent sur
» les théâtres de Londres et de Bruxelles, sur les théâtres de
» La Haye, de Berlin, de Pétersbourg.

» En même temps l'exposition des produits de l'industrie
» est devenue périodique en France ; et celle des ouvrages de
» peinture, de sculpture et de gravure est annuelle.

» Partout des concours sont ouverts, partout des prix sont
» décernés.

» Les Sociétés savantes et littéraires, déjà si nombreuses,
» ne suffisent plus : des congrès annuels s'établissent et sont
» comme les états-généraux des peuples modernes, les ses-
» sions ouvertes de l'esprit humain, la tribune de la civilisa-
» tion.

» Les progrès dans les sciences apparaissent inouïs; les
» découvertes, sans mesure et sans terme; les entreprises,
» hardies et colossales. Chaque jour voit reculer les limites
» de l'esprit humain dont le vol semble s'étendre jusqu'au
» delà du possible et du merveilleux.

» Jamais les presses de l'imprimerie n'ont été si actives
» dans Paris, et si multipliées dans les départemens.

» Des statues sont partout érigées aux hommes célèbres
» dans les villes qui furent leur berceau.

» Rouen vient de célébrer l'anniversaire de Corneille; c'est
» aujourd'hui la fête de Racine à La Ferté-Milon, et dans
» quelques mois sera inauguré dans Paris le monument de
» Molière; tout grand homme, dans la France, a le sien; et
» partout des noms célèbres sont donnés aux rues et aux
» places publiques.

» Le Musée de Versailles, création heureuse, unique dans
» le monde, est le Panthéon de toutes les gloires nationales :
» c'est l'histoire monumentale de la France, œuvre du ciseau,
» de la palette et du burin.

» Les chambres législatives viennent de voter quarante
» mille francs pour la réimpression des œuvres de La Place :
» c'est un hommage national rendu aux sciences, et l'histoire
» en gardera le souvenir.

» Des commissions scientifiques ont parcouru la Grèce et
» l'Algérie, l'Egypte et l'Abyssinie. Des voyages de décou-
» verte sont entrepris aux frais du gouvernement. Les expé-
» ditions maritimes se succèdent pour aller vers les pôles

» explorer au milieu des glaces, des plages ignorées, et cher-
» cher aux lieux où finit la terre, la dernière explication du
» système du monde.

» Ainsi le mouvement est général : il est beau, il est grand
» et hardi : il a besoin d'être réglé, le génie a voulu ouvrir,
» dans les lettres, des routes nouvelles, et trop souvent il
» s'est égaré. Les chemins nouveaux en littérature ont leurs
» chaudières à vapeur et le danger des explosions : laissons
» au génie ses ailes; mais que le goût vienne donner à son
» vol une direction salutaire.

» Ce doit être le soin, ce doit être le but des Sociétés lit-
» téraires. Cette mission est importante et difficile : elle
» demande du temps et du goût. Mais avec le goût, le temps
» achèvera son œuvre; et tant que Racine sera lu, apprécié,
» les lettres ne s'en iront pas, et le siècle où nous vivons
» pourra voir leur gloire s'élever à toute la hauteur que peut
» atteindre le génie.

» Jamais le culte rendu aux lettres, aux sciences, aux
» beaux-arts, aux hommes célèbres, ne fut si répandu, si
» général. A quelle autre époque les Académies eurent-elles
» leur *palais ?* Paris a le *palais de l'Institut,* le *palais des Beaux-*
» *Arts,* comme il y a les palais des chambres législatives, et
» le palais des Tuileries.

» Ainsi la civilisation marche dans le monde en grandis-
» sant toujours, et c'est la France qui retient et porte sa ban-
» nière.

M. de Roosmalen demande la parole. Il exprime d'abord ses regrets de se trouver en opposition avec un savant aussi distingué que M. Villenave dont il apprécie plus que personne le noble caractère, mais il pense que la question est d'un intérêt trop élevé pour qu'elle ne soit pas traitée de chaque côté avec la plus grande indépendance. Il continue ainsi :

» Si nous n'envisagions que les résultats du mouvement
» intellectuel des siècles précédents, et du commencement
» de ce siècle, nous serions rassurés sur l'avenir des arts et de
» la littérature : nous possédons encore des hommes de haute
» capacité dans tous les genres ; mais nous avons à examiner
» si la direction que prend aujourd'hui l'esprit humain, peut
» nous présenter les mêmes garanties pour cet avenir, et si,
» lorsque tout s'agite pour grandir et s'élever, les lettres, les
» sciences et les beaux-arts reçoivent une impulsion en har-
» monie avec cette marche rapide et passionnée ; nous avons
» à examiner si les hommes qui font la gloire de notre épo-
» que, auront des successeurs dignes de les remplacer, et si
» le goût général des grandes et belles choses conservera l'em-
» pire que lui ont valu les règnes de Louis XIV et de Napo-
» léon.

» Les gouvernements font la destinée des états : un peuple
» est, ou guerrier, ou industriel, ou commerçant, ou artiste,
» suivant les encouragements qu'on lui donne : *L'homme est*
» *essentiellement imitateur.*
» Richelieu et Louis XIV ont encouragé les lettres !... Cor-
» neille, Racine, Molière, Boileau, La Fontaine ont illustré le
» xviie siècle. Bonaparte a été guerrier !... Junot, Masséna,
» Hoche, Augereau, Murat, Ney, ont partout remporté des
» victoires. Napoléon a voulu des peintres !... David, Gros,

» Gérard, Girodet, Guérin, Gautherot, Meynier ont écrit avec
» leurs pinceaux l'histoire de ses batailles.

» Sans un Richelieu et un Louis XIV, sans un Bonaparte
» et un Napoléon, notre sol eût-il crée de tels poètes, de tels
» guerriers, de tels peintres?

» L'histoire, ce grand livre dans lequel nous devrions tou-
» jours lire pour y puiser la science de l'avenir, l'histoire ne
» nous offre-t-elle pas d'utiles enseignements? Où sont les
» Egyptiens, les Etrusques, les Perses, les Macédoniens, les
» Thessaliens? Qui a détruit ces peuples fameux? Où est
» Sparte? Où est Athènes? Où est Carthage? La Grèce entière,
» si jalouse de sa gloire, si amoureuse de sa liberté, ne donne-
» t-elle point le secret de tant de destruction et de ravages?
» Et Rome, Rome elle-même, dont les débris magnifiques
» attestent l'ancienne splendeur, Rome ne devient-elle pas
» pour nous une leçon encore plus saisissante? Cette ville,
» autrefois la reine du monde, ne semble-t-elle pas sortir de
» ses ruines pour nous montrer jusqu'où l'homme peut s'élever
» et jusqu'où l'homme peut descendre?

» Les lettres, les sciences, les arts ont succombé. La
» force, l'adresse, et plus encore l'or et l'intrigue ont do-
» miné.

» Que sont devenus ces peuples si fiers et si grands?

» L'histoire a répondu.

» Un si haut enseignement ne nous servira-t-il donc pas?

» A notre époque comme dans les beaux jours de la Grèce,
» les arts, les sciences, les lettres fleurissent; mais une rivalité
» effrayante semble les menacer de nouveau : l'esprit commer-
» cial et industriel s'avance pour s'emparer de tout ce qui
» peut l'aider dans son usurpation.

» Les bouleversements de l'état qui ont divisé les fortunes,
» ou qui leur ont donné une direction nouvelle; l'augmenta-

» tion des populations qui marchent vers la démocratie, le
» souvenir des grands hommes que les siècles précédents ont
» produits, l'exemple et le contact des peuples industriels qui
» avoisinent la France, tout concourt à entretenir cette riva-
» lité qui, devenue incessante, précipite l'esprit humain vers
» des entreprises hardies et colossales, dont cet esprit s'ef-
» fraie parfois lui-même.

» Mais cette activité si prodigieuse, où nous conduira-t-
» elle?

» Est-ce pour la moralisation des peuples que tant de vais-
» seaux parcourent les mers, et vont explorer des plages
» ignorées?

» Est-ce pour les progrès de la civilisation, pour la gloire
» de la France; est-ce pour l'amour de l'humanité, de la reli-
» gion, que les guerres de l'Algérie se prolongent et se re-
» nouvellent, comme à plaisir, et sans laisser entrevoir
» de terme? Que produira le sang de ces nouveaux mar-
» tyrs?

» La fièvre de l'ambition qui fait naître la soif des riches-
» ses, circule dans toutes les classes de la société, et dé-
» tourne l'esprit public du goût du vrai, du sentiment du
» beau. L'esprit de trafic gagne tous les rangs; on ne se fait
» plus négociant ou industriel, pour se procurer une indépen-
» dance honnête et tranquille, on ne se livre au négoce et à
» l'industrie que pour obtenir plus vîte et en grande abon-
» dance, de l'or, afin d'être électeur, député, ambassadeur,
» ministre.

» La force matérielle s'avance partout hardiment.

» Le commerce et l'industrie livrent combat aux lettres,
» aux sciences et aux arts, non pas cette fois, pour les anéan-
» tir tout-à-fait, mais pour les exploiter à leur bénéfice. A qui
» restera la victoire?

» On ne songe donc point que l'abandon des grandes pro-
» ductions artistiques ou littéraires, dépouille l'homme de

» sentiments religieux et moraux ! Tout ce qui nous entoure
» dans la nature nous fait connaître l'empire des grandes cho-
» ses. La comtemplation du ciel, l'aspect de la mer, la vue
» des hautes montagnes, la solitude des bois, impressionnent
» vivement notre âme et lui révèlent, sans aucun effort, et
» malgré elle, un pouvoir surhumain. Sans temple, sans palais,
» sans la représentation des grands faits historiques, soit par
» le pinceau, soit par le ciseau ou par la plume, l'homme,
» toujours renfermé dans les grandes villes, serait toujours
» égoïste, faux, immoral, irréligieux. Priver l'homme du goût
» des lettres et des arts, c'est le conduire à l'abrutissement,
» au matérialisme. Le culte est né de l'admiration.

  » Nous entendons dire jusque dans nos écoles : *aide toi ;*
» *persévère ; sois opiniâtre ; cherche à vaincre tous les obstacles ;*
» *marche, marche toujours !* Ces conseils, qui sans doute ont été
» inspirés par les paroles de J.-J. Rousseau : LES VERULAM,
» LES DESCARTES, LES NEWTONS, CES PRÉCEPTEURS DU GENRE
» HUMAIN, N'AVAIENT APPRIS A FAIRE DES EFFORTS ET NE S'É-
» TAIENT EXERCÉS A FRANCHIR L'ESPACE IMMENSE QU'ILS AVAIENT
» PARCOURU QUE PAR LES PREMIERS OBSTACLES ; ces conseils ne
» viennent que de ceux qui ont eu de nombreuses difficultés
» à surmonter, et qui, favorisés par les circonstances, sont
» parvenus aux dignités, à la fortune, ou à une célébrité qui
» tient quelquefois lieu de tout. Combien de gens, d'un très
» rare talent, d'un très grand génie, sont morts à la peine
» faute de pouvoir attendre ! Que de larmes amères nous-
» même n'avons-nous pas vues couler ! A-t-on du génie sans
» être impressionnable ? Est-on véritablement artiste sans
» avoir un cœur facile à s'émouvoir, à s'alarmer ! Et puis, la
» faim ne vient-elle pas souvent renchérir sur ces faiblesses
» des cœurs aimants, faiblesses qui, dans ces derniers temps,
» ont causé la mort de jeunes esprits épouvantés de leur sort.
  » Cette maxime : *cherche à vaincre,* envisagée du côté poli-

» tique, ne peut-elle pas devenir, d'ailleurs, un mot d'ordre
» terrible ? N'est-ce pas dire à l'homme ambitieux (et l'on est
» souvent ambitieux sans morale, sans probité, sans vertu) :
» brise tout ce qui s'oppose à ton élévation, à ta fortune ! »

» Il semble qu'aux yeux de nos hommes d'état, le mouve-
» ment général ne soit point assez passionné. Partout, même
» à la chambre législative, la révolte est encouragée. Ce n'est
» point assez que dans cette chambre il y ait un côté droit, un
» côté gauche, un centre, qui combattent, chacun ouverte-
» ment, l'un pour la légitimité déchue, l'autre pour la répu-
» blique à venir, le troisième pour le ministère à tout prix ;
» les organes du gouvernement paraissent se complaire à re-
» connaître le mal, pour l'irriter encore. *La faction que je
» combats*, s'écriait un de nos ministres, parlant à la Chambre
» des Députés, *se présentera longtemps encore dans cet état où
» vous la voyez, d'insolence aristocratique et de cynisme révolu-
» tionnaire.*

» Et l'on se plaint des tendances anarchiques ! Criez plutôt
» au miracle de ce qu'on ne lise pas sur le sol de l'ancienne
» Lutèce : ICI FUT LA CAPITALE DU MONDE CIVILISÉ !

» Nous connaissons des pères de famille, qui, songeant à
» l'avenir qu'on nous prépare, aimeraient mieux avoir des
» enfants égoïstes, adroits et cruels, que de les conserver
» dévoués, modestes et doux.

» La culture, bien combinée, des lettres et des arts peut
» seule nous sauver de cette exagération. Un savant, un artiste
» cherchent la gloire dans leurs travaux. Plus ils seront mis
» à même d'étudier, plus ils se garantiront des passions dan-
» gereuses de notre société actuelle.

» Nous sommes loin cependant de réclamer des encoura-
» gements pour tout le monde ; nous ne demandons pas que
» l'homme de lettres soit protégé seulement pour lui-même ;
» il faut examiner d'abord si ses travaux peuvent devenir uti-

2

» les au bien général, s'ils peuvent répandre le goût des cho-
» ses nobles et bonnes. Nous blâmons sévèrement ces répar-
» titions de récompenses adressées à des personnes qui n'ont
» que la singularité de leur position, car nous ne voulons pas
» qu'on puisse prendre le titre de poète ou de peintre *quand*
» *même*.

» Nous ne voulons pas non plus que ces récompenses de-
» viennent une arme dangereuse dans les mains des privi-
» légiés.

» Nous regarderions encore comme une des choses les plus
» funestes au bien public, si les succès littéraires ou artisti-
» ques conduisaient aux dignités de l'état ; si parce qu'un
» poète ou un littérateur avait obtenu quelque célébrité seu-
» lement par des odes, des tragédies, ou des recherches litté-
» raires plus ou moins savantes, il devenait pair de France,
» ambassadeur ou ministre. Ce serait méconnaître la mission
» de chacun ; ce serait jeter la passion et le désordre, l'amour
» des places, la soif des richesses dans des cœurs qui
» doivent rester purs et désintéressés pour être grands et
» utiles.

» Casanova disait : *Rubens était un peintre qui s'amusait à*
» *être ambassadeur.* Oui, Rubens n'oubliait jamais qu'il était
» artiste avant tout. Son génie artistique semblait se retrem-
» per dans ces ambassades. Le Rubens qui a parcouru l'Es-
» pagne et l'Italie n'est plus le Rubens de Cologne et d'Anvers.
» Quels progrès et quelle supériorité ! Écrivains et poètes,
» suivez cet exemple ; alors on vous pardonnera les dignités
» que vous aurez acquises !

» Il y aurait peut-être ici à examiner, puisqu'on semble
» toujours le méconnaître, si les lettres, les sciences et les
» arts rendent l'homme meilleur et plus heureux. Mais pour
» faire une exacte appréciation il faudrait, avant tout, suivre
» l'histoire des gouvernants, et rechercher si ces gouvernants

» se sont appliqués à donner une bonne direction à ceux qui
» pouvaient entrer dans cette noble carrière.

» Notre siècle, qui passe pour civilisé, va nous prouver,
» sans doute, que les hommes d'État qui nous gouvernent, se
» sont appliqués et se complaisent à favoriser le développe-
» ment des germes qui serviront un jour à la gloire du monde
» intellectuel.

» Jetons, puisqu'il le faut, un coup d'œil rapide sur quel-
» ques faits :

» L'art militaire a des écoles parfaitement organisées : l'é-
» cole de la Flèche, l'école de Saint-Cyr, l'école Polytechni-
» que, ne laissent rien à désirer. Une discipline sévère, une
» instruction solide procureront, sans qu'on puisse le nier,
» d'excellents fruits.

» La science commerciale et industrielle, dont nous sommes
» loin de contester l'utilité, lorsqu'elle est bien dirigée, a peu
» d'établissements publics, il est vrai, mais ceux qui existent
» peuvent servir de modèle, et d'ailleurs cette science exigeant
» plutôt une longue pratique, ceux qui s'y destinent font leur
» éducation dans des maisons particulières, où l'ordre, l'éco-
» nomie, où toutes les qualités qui sont nécessaires à leur état,
» leur sont enseignées.

» En est-il de même pour les autres arts et pour les autres
» sciences ?

» Les ateliers de peinture, de sculpture, de gravure, d'archi-
» tecture, les écoles de droit, de médecine ; et encore les
» cours de la Sorbonne et du collège de France, les conser-
» vatoires de musique et de déclamation, tous les établisse-
» ments placés sous la surveillance du gouvernement, et ins-
» titués pour servir au développement des plus précieuses fa-
» cultés de l'esprit et du cœur, doivent être assurément, au
» moins au niveau des institutions dont l'éloge vient d'être
» fait ; assurément l'enseignement s'y trouve en harmonie avec
» la position élevée où toute cette impressionnable et ardente

» jeunesse veut atteindre ; assurément la morale, la religion,
» l'amour de l'ordre, le respect de la famille, la pratique de
» toutes les vertus forment la base de cette dernière période
» de l'éducation.

» Hé bien ! approchez ; regardez : voilà comme on élève
» ceux qui aspirent à être ou gens de lettres, ou savants, ou
» hommes de lois, ou philosophes, ou artistes... Vous n'en
» croyez pas vos yeux ! examinez... Vous reculez d'horreur !
» Accusez donc maintenant les sciences et les arts de corrom-
» pre les nations ! Indignez-vous de ce qu'aux noms sacrés de
» liberté, de désintéressement, d'obéissance aux lois, se for-
» ment en foule des Epicures, des Zenons, des Arcesilas ! oui,
» voilà comme on façonne ceux qui ont à remplacer les Châ-
» teaubriand, les Ballanche, les Lamartine, les Portalis, les
» Ségur, les Rambuteau, les Dupin, les Molé, les Jomard, les
» Gay-Lussac. les Thenard, les Orfila, les Pariset, les Hersent,
» les Bosio, les Pradier, les Berton, les Spontini, les Matter,
» les Tocqueville, les Ortolan.

» Mais soyez bien plutôt étonnés qu'au milieu de ce scan-
» dale, de cette impiété, de cet égoïsme, il surgisse quelques
» hommes généreux et sensibles qui savent se garantir de la
» contagion, parce qu'en dépit de ce qui les entoure, ils s'a-
» donnent avec zèle, avec amour, au culte véritable des let-
» tres, des sciences et des arts.

» Ah ! si l'éducation était bien dirigée, quel avantage im-
» mense pour l'humanité entière ! car de combien de peuples
» la France n'attire-t-elle pas les regards ? Quelle puissance
» de civilisation ? Que de douceur et de charme se répan-
» draient sur cette vie, si pleine, hélas ! aujourd'hui, de dé-
» goût et d'amertume ! O vous qui avez dans les mains tout
» l'avenir de notre pays, faut-il donc vous arracher une à
» une les améliorations réclamées depuis tant d'années ? Ne
» vous apercevez-vous pas qu'à côté de la plaie légère que
» vous cicatrisez, il s'en forme d'autres profondes qui rongent

» le corps social, qui le minent? on dirait, à vous voir traîner
» le char de l'état, que vous voulez le conduire dans le chaos.
» Est-ce donc votre pensée? désespérez-vous ainsi de nous?
» croyez-vous que, lorsque l'orage et la tempête auront passé
» par dessus ces populations, ceux qui auront échappé seront
» meilleurs? Voulez-vous, suivant cette maxime du philoso-
» phe misanthrope que vous avez étudié : *Le temps de la vertu*
» *de chaque peuple a été celui de son ignorance*, faire retomber
» chaque peuple dans la barbarie des premiers âges? mais
» encore une fois regardez ! regardez le sort d'Athènes, de
» Carthage et de Rome !!

» L'ignorance! quoi, l'homme sauvage et barbare serait le
» plus vertueux ! quoi, la science engendre le vice !

» Oh ! si les peuples savants sont à la fin devenus corrom-
» pus, ne vous en prenez, répéterons-nous sans cesse, qu'à
» la mauvaise direction que l'on s'applique à donner à cette
» science pour la faire tourner au profit de l'ambition et de
» l'amour des richesses qui viennent tourmenter les mauvais
» gouvernants.

» Quelques personnes trouveront nos frayeurs exagérées,
» et, portant les yeux sur ce qui les entoure, elles diront que
» jamais aucun pays n'a possédé à une même époque, autant
» de monuments, autant d'hommes cultivant les lettres et les
» arts; elles citeront, pour prouver le bonheur dont jouis-
» sent les savants et les artistes, le nombre des académies, des
» théâtres, des journaux, qui ne fut jamais plus considé-
» rable.

» Oui, nous voyons, et nous le voyons avec orgueil, que
» notre pays possède de beaux monuments, et qu'il existe en-
» core parmi nous des hommes dignes du grand nom qu'ils se
» sont fait; mais les circonstances qui ont élevé ces monu-
» ments, qui ont grandi ces noms, où sont-elles?

» Paris renferme dans son enceinte un nombre presque in-
» calculable de temples, de palais, de colonnes, de sta

» tues ; mais à qui doit-on ces produits de l'intelligence et du
» génie? Les arts ont répondu en burinant les noms de Riche-
» lieu, de Mazarin, de Colbert, de Napoléon.

» Dans les lettres, les Châteaubriand, les Thiers, les Ca-
» simir Delavigne, les Victor Hugo, les Béranger, les La-
» martine, les Constance de Salm, et quelques autres, ap-
» partiennent à une époque qui passe ; que nous présente
» l'époque qui arrive ?

» Dans les arts, les David, les Gros, les Gérard, les
» Girodet, les Prudhon, sont partis ; les Horace Vernet, les
» Paul de la Roche, les Stenben, les Scheffer, s'en iront
» bientôt.

» Dans la politique et la science, où sont les Benjamin
» Constant, les Foy, les Lamarque ? Qui remplace les La-
» grange, les Carnot, les Fontanes, les Laplace, les Lalande,
» les Lacépède, les Cassini, les Chaptal, les Daubenton,
» les Cuvier.

» Le nombre des académiés, le nombre des théâtres, le
» nombre des journaux augmentent !

» Chaque province a son académie, sans doute... Mais con-
» sultons l'histoire de ces associations... Les spécialités spécu-
» latives envahissent partout l'espace : A Rouen, l'industrie et
» le commerce se sont emparés de la séance consacrée depuis
» un siècle à la célébration de l'anniversaire du grand Corneille.
» Cette année même, le 6 juin, la fête de cet illustre poète
» s'est passée en rapports sur l'industrie, en distributions de
» médailles pour le commerce ; les arts et les lettres ont été
» exclus de cette solennité. Combien de villes font comme
» Rouen ! A Paris, cette capitale si renommée, si fastueuse,
» si grande, si riche, on ne trouve pour les lettres que la
» seule Académie française qui suive une marche régulière et
» assurée, quoique les titres littéraires ne soient pas toujours
» les seuls titres qui en ouvrent les portes.

» Les autres sociétés artistiques ou littéraires sont en déca-

» dence; plusieurs viennent de mourir ; celles qui restent
» dépérissent.

» Lorsque Corneille, Racine et Molière vivaient, on ne
» comptait, à Paris et dans les provinces, que huit ou neuf théâ-
» tres ; aujourd'hui Paris en possède à lui seul plus de vingt,
» et les départements plus de cent ! Mais autrefois, *le Cid, les*
» *Horaces, Cinna, Andromaque, Britannicus, Athalie, Tartuffe,*
» *l'École des Femmes, le Misanthrope,* attiraient toute la haute
» société, et formaient la base du spectacle. De nos jours,
» dans les départements, les pères de famille craignent de
» conduire leur femme et leurs enfants aux drames nouveaux,
» qui ont cependant passé sous les yeux de la censure, établie,
» tout exprès à Paris, dans le beau palais du quai d'Orsay,
» drames qui, avant d'être représentés en province, se jouent
» tous les soirs *aux Français, à la Porte-Saint-Martin, à l'Am-*
» *bigu, à la Gaîté,* mais dont l'immoralité augmente en des-
» cendant sur les scènes inférieures, où le peuple va puiser
» avec empressement les leçons les plus dangereuses pour son
» repos et pour son bonheur.

» Les journaux sont, en France, au nombre de huit à neuf
» cents ! Mais on peut facilement prouver que la plupart ne
» font leurs frais qu'à l'aide de réclames payées, et d'annonces
» commerciales et industrielles à tant la ligne.

» A l'époque où *la Gazette, le Mercure Galant* et *le Journal*
» *des Savants,* faisaient concurrence entre eux, chaque poète
» avait son Mécène qui était fier de loger chez lui, de rece-
» voir à sa table et d'aider de sa bourse un homme de let-
» tres.

» Aujourd'hui les hommes riches qui cherchent des distrac-
» tions, ne s'occupent que de chasse et de chevaux; ils met-
» tent toute leur gloire à faire exercer une meute, ou à figurer
» eux-mêmes aux courses du clocher; si l'un de leurs chevaux
» gagne, au Champ-de-Mars, un prix, nommé fastueusement:
» *prix d'honneur,* leur nom est proclamé avec enthousiasme

» dans toutes les feuilles publiques; et le prix Monthyon,
» prix de science ou de vertu, est à peine prononcé. Les
» relations amicales, les réunions intimes de famille sont,
» pour ces oisifs, un objet de raillerie ; ils n'ont de plaisir
» que ceux qui mènent à l'égoïsme et à l'oubli de tous les
« devoirs.

» Une administration sage et éclairée profitera-t-elle de la
» lutte qui s'engage pour la faire tourner à la gloire et à la
» prospérité de notre pays? Les leçons du passé aideront-elles
» à favoriser le développement intellectuel, et à maintenir
» l'esprit commercial et industriel dans de justes propor-
» tions? Suivrons-nous le funeste exemple que nous donnent
» l'Angleterre et l'Amérique?...

» La société Racinienne s'est formée dans ces temps dif-
» ficiles ; elles devient une protestation vivante et énergique
» contre l'envahissement que nous avons signalé. Elle n'a ni
» palais ni temple, mais le patronage sous lequel elle s'est
» placée est une garantie de force, et d'ordre et de durée,
» qui attirent à elle tous ceux qui aiment véritablement les
» lettres et les arts.
» La création de cette société a eu un retentissement non
» seulement en France mais encore dans plusieurs autres par-
» ties de l'Europe. Les peuples amoureux d'une langue qui,
» dans les vers de Racine, *a des douceurs souveraines*, suivant
» la belle expression d'André Chénier, ont regardé ce que
» vous faites aujourd'hui, habitants de la Ferté-Milon, comme
» une chose qui vous honore et vous ennoblit. Élever des autels
» aux hommes remarquables, se vouer à leur culte, n'appar-
» tient qu'aux populations d'élite. Sept villes se disputèrent
» la gloire d'avoir vu naître Homère ; pour vous, grâce à
» votre pieuse vénération pour Racine, personne ne vous con-
» testera jamais, dans l'avenir même le plus reculé, l'honneur

» d'être les compatriotes du plus harmonieux et peut-être du
» plus grand des poètes.

» Si l'exemple que vous offrez aujourd'hui était suivi par
» toutes les villes qui ont donné des grands hommes à notre
» patrie, l'esprit commercial et industriel pourrait s'élever et
» se développer sans nous faire craindre des rivalités funestes.
» Les lettres, les sciences et les beaux-arts, toujours nobles
» et généreux, lorsqu'ils sont puissants, présenteraient alors
» avec eux une alliance qui prouverait que la France a profité
» des importantes leçons de l'histoire, et que parvenue aux
» plus beaux jours de Sparte, de Rome et d'Athènes, cette
» France, ayant inscrit sur son drapeau les noms de Richelieu
» et de Sully, de Colbert et de Napoléon, cette France con-
» servera toujours le premier rang qu'elle a obtenu parmi
» les nations civilisées. »

Après ce discours, on entend les différents rapports sur les
travaux adressés au concours :

RAPPORT

Sur le Concours ouvert pour l'éloge de Racine et de La Fontaine,

M. VILLENAVE PÈRE, RAPPORTEUR.

Dix-huit pièces ont été envoyées :

Treize en vers,

Cinq en prose.

Une première remarque à faire est que jamais, peut-être,
une société naissante n'a inspiré un mouvement plus considérable dans les lettres.

Car, indépendamment des dix huit pièces qui vont faire le
sujet de ce rapport, neuf autres ont été envoyées sur la ques-

tion. « Si les progrès de l'esprit commercial et industriel ont
« été nuisibles au progrès des lettres et des arts. »

Une seule pièce est arrivée sur une autre question, qui
mérite d'être remise au concours, et que le peu de temps
écoulé depuis la publication du programme n'a pas sans doute
permis de traiter.

Mais la Société Racinienne a reçu *soixante-neuf pièces*, en
prose et en vers, dont cinq tragédies, sur des sujets divers
laissés au choix des concurrens.

Le nombre total des pièces reçues, s'élève donc à *quatre-
vingt-dix-sept*! Et certes, il est peu de concours académiques
qui jusques à présent aient offert une série si considérable,
d'œuvres et de candidats

C'est un succès inespéré : c'est un augure favorable pour
les destinées de la Société Racinienne.

Sur les treize pièces de vers qui ont pour objet l'éloge de
Racine et Lafontaine, douze ont été écartées comme peu dignes
du concours ouvert.

Il faut dire aussi que plusieurs concurrens, appartenant à
une école qui n'est pas celle du 17e siècle, parlent beaucoup
trop de la lune, de la prairie, du ruisseau, des torrens,
des nuages, et pas assez de La Fontaine et de Racine. Ils
se sont trop long-temps arrêtés et perdus dans le genre des-
criptif.

Il y a, dans la plupart des pièces, du sentiment, beaucoup
d'enthousiasme, d'expansibilité : mais les vers sont, souvent,
comme l'exaltation, sans règle et sans mesure.

Une ode, sous le n° 4, a mérité d'être distinguée.

Dans les cinq éloges en prose, trois ont été trouvés dignes
du concours : ce qui fait en tout quatre ouvrages ayant droit,
à divers degrés, à l'estime et aux suffrages de la Société Racinienne. Or des concours ouverts dans les grandes académies,
offrent rarement plus, et assez souvent moins d'ouvrages qui
méritent de fixer leur attention et celle du public.

De courtes citations des pièces en vers suffiront pour justifier le jugement de la commission.

N° 1.

Des vers faux :
« S'illuminer souvent d'une lumière plus pure
» Comme on voit la colline au revers du jour. »
Des vers singuliers :
                    » Le parnasse
» Dont la base est de marbre et le sommet de glace!
            » Le sein d'une nourrice
» Qui distille pour lui (l'enfant) les pavots de la faim ».
L'auteur se dit *enfant dans la littérature* et ce sont les chefs-d'œuvre divins qui :
« Ont planté dans nos cœurs les premiers bois à fruits »,
Ces *bois à fruits plantés dans le cœur*, offrent une image grotesque et singulière.

N° 2.

Les vers faux suivent à la file :
» Français, inclinez-vous, c'est Dieu qui paraît,
» Dieu l'être éternel qui vous environnait,
» Regardez les Anges admirant sa splendeur :
» C'est Corneille et Gresset, etc. »

N° 3.

C'est une espèce de dithyrambe.
La mesure ne manque point aux vers, mais le mot propre est souvent absent; les épithètes pullulent; les images et le tour des idées ont quelque chose d'inouï et d'incohérent. Voici le début de la 5ᵐᵉ strophe :
« Hélas! il n'est donc plus.. que de sombres nuages!
» Que de *fratras* impurs! quels torrens! que d'orages!
» O fantasmagorie! etc »

N° 4.

C'est *l'Ode* que la commission a distinguée.

Voici la première strophe :

« Tels qu'enfans d'une même source
» Au pied des monts qu'ils ont ouverts,
» Deux fleuves séparant leur course,
» Marchent à des destins divers :
» Tous deux, formés de la même onde,
» Ils vont promener dans le monde
» Les contrastes de leurs courants,
» Et porter à la mer lointaine
» Sur la pente qui les entraine
» Des flots et des noms différents ».

Nous citerons, après la première strophe, celle qui est la dernière :

« Vous vivrez tant que la patrie,
» Fière de vos noms immortels,
» Sur la rive aimée et fleurie
» Au bon goût voûra des autels;
» Tant que la Marne poissonneuse
» Ira d'une onde limoneuse
» De Thierry baigner le vallon,
» Et que l'Ourcq, à l'eau transparente,
» Ornera la plage odorante
» Où brille la Ferté-Milon ».

Il y a dans cette composition un talent flexible, du mouvement, du nombre et de l'harmonie : si plusieurs taches n'y apparaissaient, (et un travail plus soigné eût pu les faire disparaître) l'auteur eût mérité le prix. Mais il a droit à une distinction honorable, et une médaille d'argent lui est décernée.

N° 5.

Dans cette pièce le mètre est varié. Il y a de l'esprit, des vers faciles, quelquefois du bruit : mais le style est par fois trop négligé, et la composition offre encore d'autres irrégularités.

N° 6.

Voici le début :

« Le soleil se couchait : sa promesse amoureuse
» Par un dernier rayon faisait la terre heureuse,
» La forêt rugissait pour mieux lui dire adieu,
» Inclinant ses sommets sous sa lèvre de feu...
» Le château se dressait sur son bel horizon ;
» Un nuage en flocons écartant sa toison,
» Allait se moutonnant sur un monde qu'il touche,
» Joncher sa laine d'or pour en former sa couche
    » Mon oncle était assis, etc. »

Telle est la singulière introduction du poète, émule de quelques célébrités de notre âge, et qui annonce dater cette belle description de la plate-forme du château de la Ferté-Milon.

N° 7.

Des vers encore, et quels vers!... Echantillon :

« Or vous êtes immortels et vos sublimes chants
» Comme des vents furieux....
» Vous brillerez toujours d'un éclat prestigieux ».

N° 8.

On y trouve ces vers singuliers :

« Qui fête le lundi? c'est le son de l'argent,
    » L'argent qui chante, hurle et danse...
» Vos rêves-creux de style, de mélodie et d'art
» Qu'est-ce que tout cela? des caprices de fous... »

C'est ainsi que se croyant poète, l'auteur gourmande les poètes.

Il termine ainsi son éloge des deux grands hommes de la Ferté-Milon et de Château-Thierry.

» O noms des deux géants que le grand siècle élut
» Entre mille grands noms, Jean Racine, salut!
 » Salut, salut, Jean La Fontaine! »

Voilà un salut plus sentimental que poétique.

N° 11.

Intitulé : *Racine et La Fontaine*. Rêveries.

Ces rêveries ont de l'ampleur : l'auteur rêve dans 364 vers, qui ne sont pas tous conformes aux règles sur le nombre des pieds, sur l'hémistiche et la césure.

Voici l'introduction :

« O viens sur nos vergers, toi, la reine des nuits,
» Cacher, sous ton manteau, le tumulte et les bruits.
» Conduis notre barque aux lits des mers balancées
» Puis après nous irons rêver *sur* deux berceaux ».

Et pourquoi pas *dans* deux berceaux? *dans* est plus facile, l'auteur a trouvé sans doute plus poétique de rêver *sur* deux berceaux.

Citons encore ces deux vers :

« Quand de nos yeux ces flots, rosée de douleurs
» A la Perle des nuits mêleront leurs sueurs ».

La lune n'attend pas de telles doléances; au surplus, ces doléances sont faites à la lune : on peut les laisser à cette adresse.

N° 13.

Premier vers :

« Racine, La Fontaine, ô le bel hémistiche! »

L'auteur nous apprend pourquoi manque à la poésie le travail de la lime :

« L'absence de la foi rend nos traits *élimés*. »

Citons encore deux vers :

« Les Plaideurs nous font rire et plus d'une épigramme
» De l'auteur d'Andromaque augmente le programme ».

N° 15.

Premiers vers :
« Racine sur la scène où fut souvent l'orage,
» Attend le voyageur au début du voyage.
Ce *début du voyage* de l'auteur n'est pas heureux, voici la fin.
« Pourrez-vous accueillir mes timides accens ?
» Dans l'ombre cette voix qui faiblement résonne
» De l'humble c'est l'offrande : ah ! prenez quand il donne.
La modestie du candidat désarme la critique, je regrette de ne pouvoir rien *donner* en échange de *l'offrande*.

N° 16.

« Le marteau sur l'airain précipite les heures ;
» Minuit sonnne...,
Après ce début viennent les vers suivans :
» Parlons de poésie, elle vaut bien l'amour....
» Regardons le poète, aux rayons du soleil
» Opposer les rayons de son regard vermeil ;
» A la table céleste, ivre de poésie,
» Il va boire à longs traits. etc.
Il y a dans cette pièce, des vers heureux et un plus grand nombre de vers faciles. L'auteur dit en terminant :
« Racine, La Fontaine, étudiés, relus,
» Dans le temple du goût ont mis bien des élus...
» Mais autour du soleil luit plus d'un satellite,
» Et les suivre de loin c'est encore un mérite.

N° 17.

Les vers faux abondent :
« Les grâces ont pris soin d'embellir son style...

» Mais ceux-ci l'on comblé des dons les plus précieux.

Les vers singuliers ne sont pas rares :

» O fleuve des amants, je viendrai sur tes rives;

» Je viendrai, je boirai, puis m'en irai content.

Voilà ma tâche finie pour les treize éloges en vers. Le public, par les courtes citations que j'ai faites, peut juger, sans les avoir lues, les pièces du concours. C'est, dans ce but, et non dans celui d'une critique sévère, mais juste, que j'ai cru devoir faire connaître le style des candidats, j'ai voulu aussi faire voir que, dans la plupart de ces candidats, ce n'est pas le talent qui manque : c'est le sentiment de la poésie de Racine et de La Fontaine.

L'école nouvelle a quelques beautés qui souvent disparaissent dans de nombreux égaremens.

ÉLOGES EN PROSE.

Sur cinq éloges en prose il en est un qui n'a droit d'être remarqué que par son épaisseur; il en est un autre qui est sans valeur littéraire; mais il en reste trois, et c'est beaucoup pour l'honneur du concours, qui se recommandent à de meilleurs titres, et offrent des mérites divers.

N° 17.

Les dimensions du n° 17 sont effrayantes : 81 pages d'une écriture serrée qui donneraient à l'impression un volume.

L'auteur prend son sujet de loin, comme s'il allait composer une Idylle sans rime et sans mesure.

Voici le début étrange de cet éloge :

« Le filet d'eau jaillit du sein d'un rocher, saute, bondit » à travers les cailloux qui s'opposent à sa course, caresse les » plantes, et erre dans la prairie. Le berger etc. »

Cette entrée en matière, ce *filet d'eau* qui *saute, bondit* dans la *prairie*, et cela à propos de Racine et de La Fontaine rend l'examen du volume superflu ; le travail le plus long devient ainsi le plus facile à expédier, et l'on peut sauter les 81 feuillets pour arriver à la fin où l'on trouve, toujours à propos de Racine et de La Fontaine : « la chute d'un grand homme » (Napoléon), et par là celle d'un vaste empire... Mais conso- » lez-vous, s'écrie l'auteur, lorsqu'on voudra honorer un » grand citoyen, on dira : il fut brave et fidèle ainsi qu'un » Champenois. »

N° 12.

L'auteur commence en ces termes :

« Messieurs, les beaux *chiffres* à réunir que ceux de Racine » et de La Fontaine ! »

C'est la première fois peut-être qu'on s'est avisé d'appeler deux grands hommes, de *beaux* CHIFFRES.

« Et si l'auteur a voulu parler des lettres initiales de Racine et La Fontaine réunies, les lettres R. et L. ne for- meraient alors qu'un *chiffre*, et Racine et La Fontaine ne seraient pas, comme le veut leur panegyriste, deux *beaux chiffres à réunir*. L'idée fût-elle d'ailleurs bien rendue, on ne s'atten- drait nullement à la voir prise pour exorde. Au surplus l'éloge lui-même n'atteint pas un chiffre bien élevé » .

N° 10.

Éloge de Lafontaine.

Éloge de Racine.

Si l'éloge de Racine était aussi bien traité que celui de La Fontaine, ce double travail serait digne du prix.

L'éloge de La Fontaine est écrit avec soin pour les détails biographiques peignant le fabuliste et son caractère, pour l'ap- préciation de tous ses ouvrages, pour les citations qui sont heureusement faites, pour les jugemens qui ont été portés de l'homme et de l'écrivain dans le siècle où il vivait : c'est une œuvre littéraire qui mérite d'être lue.

Mais l'éloge de Racine paraît n'avoir pas été d'abord dans la pensée de l'auteur. Il est compris en *trois* pages : celui de La Fontaine en a plus de *neuf*! En lisant quelques jugemens sur les principales pièces de Racine, on croit parcourir un léger feuilleton : on n'y trouve aucun nouvel aperçu, tout est judicieux, rien n'est saillant, c'est un travail fait en courant, et comme pour remplir les deux conditions du programme.

N° 14.

L'auteur dit, avec raison peut-être, ne concevoir l'exécution passable de l'éloge réuni de deux grands hommes, que par une comparaison suivie, que par un parallèle.

Il a donc fait un parallèle entre Racine et La Fontaine ; et ce travail est remarquable.

Ce sont des réflexions générales, des aperçus vastes, des jugements que le goût avoue, écrits dans un style qui ne manque ni de précision, ni d'élégance. Ce sont, sur une même toile, deux portraits ressemblans de l'auteur tragique et du fabuliste. Ce sont, rapprochés et peints dans un même cadre, les affinités et les contrastes de deux génies qui ont brillé dans des genres divers. Et c'est aussi dans la vie privée des deux grands hommes, que l'auteur cherche et trouve le secret de ces contrastes et de ces analogies.

L'auteur termine un beau parallèle entre Racine et Lafontaine, en le rendant commun à Molière,

« Voilà, dit-il en terminant, comment l'on peut envelopper
» dans un même éloge ces trois génies en apparence si éloi-
» gnés l'un de l'autre, parceque leurs œuvres, qu'elle qu'en
» soit du reste la forme, seront un tableau toujours vrai des
» passions et des ridicules de tous les siècles ; parcequ'enfin
» ces trois noms seront toujours la plus admirable personnifica-
» tion de ces trois grands moyens d'instruire et de corriger :
» la comédie, la tragédie et la fable ».

Ce parallèle mérite d'être lu en entier au congrès parcequ'il est essentiellement littéraire, et qu'on n'y trouve rien de ce qui est suffisamment connu et répété dans les Biographies.

N° 9

Ce n'est plus ici un parallèle : ce sont deux éloges séparés. L'auteur dit en commençant :

« Panégyristes impuissants, que pouvons nous pour la gloire » des grands hommes! leurs seules œuvres les peuvent louer » dignement.

« .... Le même jour que mourut Lucrèce, Virgile, dit-on, » prenait la robe virile. L'année où Corneille faisait repré- » senter *Horace*, naissait un homme qui devait être pour lui » ce que Sophocle fut pour Eschyle, ce qu'Euripide fut pour » Sophocle un rival de gloire. Ces rapprochements historiques » semblent avoir quelque chose de mystérieux »

Ce début annonce un littérateur instruit.

Les faits historiques sont mêlés à l'éloge. Il y a de l'enthou- siasme, quelques traits hasardés, quelques défauts de style, de l'abandon, un peu de redondance: mais l'intérêt se soutient.

Quelques extraits des deux éloges, compris sous le n° 9, mériteraient d'être lus au congrès, si le temps le permettait.

Le n° 9 et le n° 14 ont paru à la commission dignes d'obte- nir la médaille d'argent. Travaillé plus à loisir, le n° 9 eut pu remporter le prix, il fallait émonder revoir, corriger : Racine exclut les négligences, et celles de La Fontaine sont inimitables.

CONCOURS SUR CETTE QUESTION :

» *Quels sont les progrès des études historiques en France?* » *Comparer les anciens historiens avec les nouveaux* ».

L'un des rapporteurs demande à dire quelque mots à propos

dé ce concours. Il fait observer que l'année dernière la Société ayant été prise au dépourvu a posé cette question beaucoup trop tard pour être traitée avec l'étendue et la gravité que réclame un pareil sujet. Il pense qu'il serait convenable de la remettre sur le programme de l'année prochaine.

M. de Roosmalen rapporteur, est appelé à rendre compte des ouvrages relatifs à cette question:

« Les progrès de l'esprit commercial et industriel sont ils nuisibles ou favorables aux lettres et aux arts ?

Neuf mémoires ont été adressés à la société; ils ont été enregistrés par ordre, et examinés l'un après l'autre, suivant cet ordre. Voici le résumé de l'opinion de la commission.

N° 1.

Ce mémoire est généralement bien écrit, il fait comprendre que l'auteur a des sentiments de bienveillance ; mais les principes qu'il expose sont d'un optimiste trop prévenu en faveur de ce qui s'accomplit chaque jour sous nos yeux. En terminant son travail, qui a le défaut de ne point offrir d'assez grands développements l'auteur s'exprime ainsi :

« On verra l'agriculture en honneur ; les arts utiles encou-
» ragés ; les sciences et les lettres cultivées, l'effervescence
» dangereuse de notre époque calmée, et les portes de la
» science étant ouvertes à tous, chacun se trouvera satisfait de
» la position qu'il aura gagnée, et le plus capable n'arrivera
» au pouvoir que pour exercer dans cette nouvelle famille
» une grande mission de paternité. »

L'auteur, comme on le voit par ces lignes, rêve une belle utopie, mais la question reste malgré cela, ou plutôt à cause de cela, trop indécise.

N° 2.

Cette pièce est un discours qui ne donne aucune nouvelle lumière sur la question posée : « Si le progrès moral marchait » de pair avec le progrès matériel, alors serait réalisé le rêve » brillant de l'âge d'or. » Tel est le résumé de quelques pages écrites avec conscience mais dénuées de vues profondes.

N° 3.

> Personne ne peut contester que l'industrie et le commerce n'aient pour but la propagation des lumières, etc.

L'épigraphe indique assez clairement l'opinion de l'auteur. Quoiqu'un peu plus développé que les précédents, ce mémoire n'offre pas des résultats plus certains.

« Et quels ministres d'une nation civilisée, s'écrie l'auteur, » ne préparent pas au commerce, à l'industrie des voies larges, étendues, en vue des arts et des lettres ! »

L'histoire impartiale de notre époque répondrait ici des vérités sévères qui changeraient le sens de la phrase. Quoiqu'il en soit, ce mémoire contient quelques recherches utiles qui font espérer que le talent de l'auteur se montrera une autre fois sous un jour plus favorable.

N° 4.

> L'effet naturel du commerce est de porter à la paix, mais nous voyons que dans les pays ou l'on n'est affecté que de l'esprit du commerce on trafique de toutes les actions des hommes.
> MONTESQUIEU.

Il y a dans ce travail des aperçus importants, une connaissance de l'histoire, une logique claire et concise : aussi le comité, sur le rapport des examinateurs particuliers et après en avoir entendu lui-même la lecture, a jugé qu'il était digne

tion seulement de la médaille d'or, mais encore d'être imprimé
en tout ou en partie, à la suite du compte-rendu des travaux
du Congrès.

Nº 5.

Le beau c'est la splendeur du bon.
(PLATON).

Sans présenter une réunion de faits historiques aussi frap-
pante que celle du mémoire nº 4, il y a dans cet écrit des
parties remarquables.

« Comment se fait il donc qu'avec d'aussi grands éléments
» de force et de prospérité, se demande l'auteur, l'état social
» éprouve au sein de la paix ce malaise, cette inquiétude ce
» mécontentement intérieur qui parfois nous donne des inquié-
» tudes sur l'avenir ! d'où vient ce découragement, ce doute ?
» Pourquoi une civilisation si forte, si robuste en apparence
» est-elle si incertaine et si chancelante en réalité ? Ah ! c'est
» qu'une base solide lui manque, et que les éléments incom-
» plets dont elle se compose ne s'attachant qu'à développer
» les avantages positifs de la vie, tendent à matérialiser l'hom-
» me en brisant le lien moral et sacré qui l'unit à Dieu ; c'est
» que toutes les merveilles de l'industrie ne sauraient jamais
» combler l'immense lacune que laisse dans la vie de la civili-
» sation l'absence de l'élement religieux et moral....

» Voyez, dit encore ailleurs l'auteur, voyez ces Américains
» de toutes les classes accourir sur leurs quais, se jeter dans
» le premier bateau à vapeur qu'ils rencontrent, sans avoir
» l'air de s'inquiéter seulement de ces effroyables catastrophes
» dont naguère hélas ! nous avons été frappés d'une manière
» si douloureuse; l'idée du gain les domine, se lie à toutes
» leurs pensées, se mêle à toutes leurs affections. Cette idée
» est si forte, si puissante, que les ministres de la religion eux
» mêmes, en prêchant la parole de Dieu ne peuvent pas se
» soustraire entièrement à l'influence égoïste qui les enve-

» loppe de toutes parts. Parlent-ils du christianisme ? ils l'envi-
» sagent toujours dans ses rapports avec les avantages maté-
» riels de la vie, dans ses bienfaits immédiats, terrestres, et
» vous disent par exemple, que la religion produit l'ordre, la
» paix, donne le bonheur, enseigne à l'homme à remplir ses
» devoirs, à tenir ses engagements; mais d'abnégation! de
» pauvreté, de renoncement aux jouissances de la vie! de
» mépris pour les biens de la terre! de tous ces admirables
» préceptes qui élèvent la pensée humaine au dessus de toutes
» ces misérables réalités mensongères d'un monde chez lequel
» tout n'est qu'égoïsme, ironie et déception! jamais! ils ne
» seraient pas compris.

Ces citations suffiront sans doute pour vous faire apprécier
la pensée de l'auteur, pensée toute morale, toute religieuse,
mais qui manque de développement par rapport aux bienfaits
qu'ont procurés et que peuvent procurer les lettres et les arts.
Ce mémoire mérite cependant des éloges pour plusieurs parties
et la commission a proposé de décerner une médaille d'argent à son auteur.

N° 6.

Tunc alnos primum fluvii sensere cavatas.
(*Géorgiques*).

Les deux ouvrages précédents ont réfuté l'opinion emise
dans ce mémoire qui se termine par ces mots : « Que l'on se
» rassure, il y aura toujours des littérateurs ; le cœur humain
» ne changera jamais, c'est là que l'on peut venir puiser sans
» craindre de tarir cette source inépuisable! nous aurons
» toujours des mathématiciens pour mesurer le monde, des
» commerçants pour l'approvisionner, et des poètes pour le
» chanter.

» Les richesses qui sont les fruits du commerce, les riches-
» ses *tant qu'on ne les poursuit point pour elles-mêmes,* sont un
» moyen de plus, et comme un instrument favorable à la

» culture des lettres et des arts », dit l'auteur du mémoire;
Oui, mais, répond Montesquieu : *nous voyons que dans les
pays où l'on n'est affecté que de l'esprit du commerce on trafique
de toutes les actions des hommes:*

N° 7.

L'Europe marche à la barbarie par
l'excès de la civilisation.

Ce mémoire renferme les mêmes principes que celui du
n° 4.

  « L'esprit industriel et commercial a pour principe l'utilité
» matérielle de l'homme, pour but son bien être physique;
» tout ce qui peut contribuer à satisfaire les besoins, les plai-
» sirs des sens est de son domaine, à ce titre il a droit aux
» encouragements, à la protection des gouvernemens, mais
» s'il est vrai que la pente qui pousse l'homme vers le plaisir
» est facile, et que trop souvent l'instinct du bonheur matériel
» lui parle plus haut que la raison, et étouffe la voix du
» devoir, est-il convenable, est-il prudent de favoriser outre
» mesure la tendance naturelle de l'homme à matérialiser en
» quelque sorte son existence?

Voilà une logique claire et précise, c'est placer la question
sur son véritable terrain.

Tout n'est pas à la même hauteur; et ce travail renferme
des maximes politiques que nous ne pouvons admettre complètement, néanmoins le comité rendant justice à l'ensemble
que présente cette œuvre réclame une médaille d'argent en
faveur de ce n° 7.

N° 8.

Multa renascentur quæ jam cecidére

  « Ce n'est pas sans une secrète et instinctive défiance de
» mes forces que j'ose ici tenter de répondre à une des ques-
» tions les plus belles et les plus utiles qui jamais aient été

» proposées. » Tel est le début modeste de ce mémoire, qui
se ressent effectivement de la méfiance de son auteur, dont
les pensées se choquent, se heurtent avec une trop grande
irrégularité. Cependant ce travail n'est pas sans mérite et tout
porte à croire que l'auteur rentrera une autre fois dans la
lice avec plus de succès.

N° 9.

> Quo mihi fortuna, si non conceditur
> uti?
>
> HORACE.

Le concurrent ne paraît pas avoir bien saisi le sens de la
question. Le programme n'a pas voulu méconnaître le bien
qu'ont pu produire le commerce et l'industrie, mais il a demandé: LES PROGRÈS *de l'esprit commercial et industriels sont-ils
favorables ou nuisibles aux arts et aux lettres?* ce sens d'abord
bien compris aurai évité des digressions inutiles pour prouver
que le commerce et l'industrie ont été, et sont utiles et nécessaires, ce que personne ne peut nier ni contester.

« Notre commerce est étendu, et jamais, dit le mémoire,
» l'esprit humain ne s'est appliqué avec autant d'ardeur aux
» productions de l'industrie. Nos chemins de fer nos machi-
» nes à vapeur qui n'ont guère pour but que de rendre le
» commerce facile et prompt le prouveraient si quelqu'un
» jugeait à propos de ne pas en convenir ».

C'est précisément cette extension que nous reconnaissons
bien positivement, qui peut sembler hors de proportion,
mais ce qui ne peut pas être admis : c'est l'opinion de l'auteur qui place les écrivains de nos jours à la hauteur des
écrivains du siècle de Louis XIV.

« Parmi nos écrivains actuels nous pouvons certainement
» compter des noms qui passeront à la postérité aussi bien
» que ceux du grand siècle ».

« Ce que je dis de la France je pourrais le dire de l'Angle-
» terre, » ajoute encore l'auteur.

Sans faire la critique de ce jugement nous demanderons
tout d'abord, si les écrivains, si les peintres, les sculpteurs,
que nous voyons aujourd'hui au premier rang doivent leur
talent aux sources de l'esprit commercial et industriel.

Plus loin le concurrent cite les Hollandais qui, dit-il, ne
comptent plus dans le monde artistique, ni dans le monde
littéraire.

Cette citation prouve que l'auteur n'a point une connaissance assez exacte des faits présents. Le voyageur qui parcourt la
Hollande est étonné des progrès qui se font remarquer dans
les lettres et dans les arts, sur un sol qui n'avait produit
que par intervalle des hommes remarquables. C'est un pays
qui se régénère : et en aucun lieu du monde, l'artiste national n'a autant de considération ; le jugement que porte
encore cet auteur sur les habitants de la Suisse n'est pas plus
juste :

« Il en est, dit-il, presque des Suisses comme des peuples
» qui ne sont pas civilisés ».

Mais Genève, Lausanne, Neufchatel, et nous pourrions citer
encore d'autres localités, rivalisent aujourd'hui avec les nations
les plus avancées de l'Europe. Le gout des lettres et des sciences est répandu généralement dans ce pays pittoresque, et doit
produire les plus heureux fruits.

On peut réfuter ce mémoire par les propres paroles qu'il
renferme :

« *Qui se rassemble s'assemble,* (page 27) et de même que le
» sot personnage peut trouver une société dans ceux qui sont
» sots et misérables comme lui, de même les hommes de
» génie aiment à se trouver en présence du génie, le pauvre
» va avec le pauvre et s'en trouve bien, le riche va avec le
» riche parceque ses habitudes sont les siennes.

Que deviendra donc l'artiste, l'homme de lettres? Ces paroles que nous transcrivons fidèlement, font la critique de l'ouvrage.

Tel est, Messieurs, le résumé du compte rendu de l'examen qui a été fait par votre commission sur les mémoires adressés au concours pour la 3ᵉ question du programme. L'avis de cette commission a été unanime sur la distribution des récompenses. Elle vous prie donc de sanctionner ses votes en décernant une médaille en or pour le mémoire n° 4, et une médaille d'argent pour chacun des mémoires n° 5 et n° 7,

———

Résumé du Rapport sur les pièces envoyées au Concours pour le meilleur ouvrage inédit soit en prose soit en vers.

Soixante-dix pièces ont été adressées à la Société.

Savoir : cinq tragédies et un fragment de tragédie; une comédie en prose; trois mémoires politiques et scientifiques; un mémoire sur l'influence de l'art dramatique; cinquante-huit pièces de vers, épitres, satyres, contes, fables, etc., et deux pièces de poésie adressées trop tard pour être examinées par la commission.

Parmi ces soixante-dix pièces, deux tragédies, le fragment de tragédie et sept morceaux de littérature ont fixé particulièrement l'attention du comité, qui a voté : pour chacun des trois premiers ouvrages, une médaille d'argent; pour les sept derniers, une médaille de bronze et une mention honorable.

Ainsi que pour les autres parties du concours, le soin le plus minutieux a été pris afin que le jugement des membres de la commission fut parfaitement éclairé; chaque pièce a été relue trois fois : la première par le rapporteur, la seconde par les examinateurs particuliers, la troisième par le comité tout

entier. C'est après ces trois examens qui ont amené des observations et des discussions nombreuses, que les récompenses ont
été votées au scrutin secret.

Voici l'opinion générale émise sur ces nombreuses productions :

Les cinq tragédies et le fragment de tragédie ont paru
manquer d'action et de plan bien ordonné. Une d'elles a excité
une critique sévère pour le style. On y a signalé des vers tels
que ceux-ci :

« . . . Corbleu! je suis outré!
» Je le dis, sans détour; prenez femme ou maîtresse,
» Qu'elle soit belle ou laide, ou *moutonne* ou tigresse,
» Je m'en *lave* les mains. »

Les rimes sont aussi répréhensibles que les expressions :
Creusé rime avec *Condé*, *armée* avec *campée*, *sacré* avec *athé*,
secrète avec *suspecte*, ect.

Tout décèle dans cette œuvre une inexpérience si grande
que plusieurs membres ont témoigné leur étonnement de voir,
à notre époque, où certes les bons conseils ne sont pas épar-
gnés, un si grand oubli de toutes les formes littéraires.

Les quatre autres tragédies ont généralement de l'élévation,
des pensées nobles, une connaissance plus ou moins approfondie du cœur humain. Mais leurs auteurs, effrayés sans
doute des écarts reprochés justement à plusieurs de nos poètes modernes, se sont renfermés dans des bornes trop étroites, et n'on point donné de développements assez dramatiques à l'action.

La médaille d'or n'a donc pu être décernée.

Pour faire comprendre le travail des rapporteurs au sujet des
soixante-dix pièces annoncées, il faudrait peut-être suivre la
marche qu'ils ont prise et motiver avec détails et par des citations les arrêts qui ont été rendus, mais ces détails n'auraient
aujourd'hui que peu d'intérêt, et d'ailleurs ne présenteraient

aucune utilité réelle. Nous nous contenterons d'enregistrer ici les observations les plus importantes :

En général les auteurs n'ont point paru assez pénétrés des sujets différents qu'ils ont traités; les pensées manquent de force, la composition souvent trop prolongée, privée d'ordre, offre un intérêt trop divisé qui n'est pas assez soutenu jusqu'à la fin.

Le style même a quelque fois de grandes négligences, ou d'étranges prétentions;

Quelques citations justifiront ces critiques :

« De cette ovation ton ombre évanouie
» Pour recueillir les sons a recouvré *l'ouie*,
» Avec *Louis* Philippe, *oui* l'anglais est d'accord. . . . »

Extrait de l'élégie avec cette épigraphe :

Hoc ingenium ingens...

« Je tremble encore, grand Dieu ! Labarum funeste,
» Il envahit encor (un géant) tous mes sens stupéfiés,
» Mes yeux appesantis, mes esprits pétrifiés !
» Et mon œil pénétrant *perçant* son atmosphère
» En *perçut* l'étendue. . . .
» Le tout se dessinait avec délicatesse
» Dans *l'organe* ébloui d'une telle noblesse !. . . .
» Quand, j'aperçus soudain au dessus du tableau
» Que mes sens trouvèrent *si horriblement* beaux
» Un tableau ravissant . . .
» C'est touchant me disais-je, tout est prestigieux. . . . »

Extrait du *Rêve de la montagne.*

Les morceaux de prose sont généralement plus corrects, cependant ils ne sont pas en touts points irréprochables.

Mais à côté de ces reproches on doit applaudir à de belles parties, à des détails heureux : témoins ces extraits;

« D'un Dieu de paix, d'amour, auquel on aime à croire,
» Révéler la douceur en révélant sa gloire,

» Placer dans le devoir notre félicité
» Enseigner en tous lieux le pardon des injures,
» Épargner les vaincus, et couvrir les blessures
  » Du baume de la charité ;

» Célébrer les vertus, flétrir l'apostasie,
» Dire à l'ambition que rien ne rassasie :
» —Tu ne monteras pas plus haut que cette croix,
» Symbole de la croix que Dieu porte au calvaire ; —
» Dire aux riches : donnez ! au malheureux : espère !
  » Et prêcher le repect des lois ;

» Pleurer amèrement sur nos gloires éteintes,
» Maudire le trafic des choses les plus saintes ;
» Honorer le génie et craindre les flatteurs,
» De la patrie en deuil ennoblir le veuvage,
» Plein d'un pieux amour placer sa grande image
  » Pardessus toutes nos grandeurs ;

» Relever fièrement la dignité de l'âme,
» Par l'exemple et la voix tonner sur l'homme infâme,
» Et, sur les bonnes mœurs fondant la liberté,
» Appeler à grands cris la fin de l'esclavage,
» Du parfum des vertus imprégner chaque page
  » Du livre de l'humanité. . . .

  » Voilà, voilà comment la lyre,
  » Instrument de promission
  » En faisant pleurer ou sourire
  » Sait accomplir sa mission. »

     Extrait de l'épitre *à un poète.*

    —

» L'amour ! voilà ce mot, ce baume salutaire,
» Qui devait ici bas guérir tant de douleurs

» Parmi le genre humain, qui devait faire taire
» Tant de gemissements, et sécher tant de pleurs.
» A ce divin signal, à ce cri d'espérance,
» Les hommes, si longtemps courbés dans la souffrance
» D'un élan unanime allaient se redresser,
» Et se donnant la main, unis comme des frères,
» Loin de leur vaste abime aux ombres funéraires,
» Vers les champs de la vie ils allaient s'élancer. »

Extrait de la pièce intitulée : *le Christ.*

—

» Un ange tous les jours de notre ciel s'envole;
» Tous les jours un rayon de la sainte auréole
» Se détache du front humain !
» Mais combien d'humbles fleurs que dédaigne la foule
» Rendent un doux parfum sous le pied qui les foule
 » Dans la poussière du chemin !

Extrait de l'ode : *à la muse de Racine.*

—

 » Oh ! nous serions, dans nos tourelles,
  (Dit un cavalier à une jeune fille)
» Toi, la plus heureuse des belles,
» Moi le plus fier des chevaliers !
» Belle et fière autant qu'une reine
» Quand ta parole souveraine
» Courbera le front des vassaux
» Regretteras-tu ta vallée
» Où ta main blanche était souillée
» De l'impur limon des ruisseaux ?

 » Je la regretterais sans doute,
» Et puis, croyez-vous que j'écoute
» Vos compliments et vos douceurs ?
» Je suis heureuse à la chaumière,
» Avec les baisers de ma mère
» Et les caresses de mes sœurs »

Extrait de la légende : *La Laveuse du couvent*

» Ingrats, n'êtes vous pas mes amis les plus chers?

» Et jamais près de vous le moindre des revers

» Osâ-t-il sur mon front sillonér son passage?

» Oh! non, j'étais heureux! vous me quittez pourtant,

» Et vous ne craignez pas de jeter en partant,

» Le chagrin dans mon cœur, et le deuil au village.

» Vous le voulez, partez; de mes vœux surperflus

» Trop faibles contre vous, je ne vous retiens plus.

» Un jour, vers vos amis, vous reviendrez j'espère;

» Mais peut-être qu'aux lieux où l'on vous reverra

» Vous asseoir au retour, un passant vous dira:

» Orphelins, c'est ici qu'est couché votre père!!

» Mais que vois-je! mes fils que j'appelais ingrats,

» Versent aussi des pleurs!... Ils me tendent les bras...

» Leur tendresse n'est plus à la mienne ravie...

» Plus de voyage! non, plus de funeste adieu!

» Ils restent près de moi. — Soyez béni mon Dieu,

» C'est le plus beau moment des beaux jours de ma vie! »

Extrait de l'Homme des champs à ses fils.

—

Parmi les morceaux en prose on a distingué particulièrement celui qui a pour titré Les plaintes amères: et dont voici
un fragment :

« La richesse n'est point un mal, puisque Dieu est riche et
» qu'à lui appartiennent tous les globes et toutes les mer-
» veilles du monde.

» La force n'est point un mal, puisque Dieu est le Dieu
» fort.

» La puissance n'est point un mal, puisque Dieu est tout-
» puissant.

» Il n'y a mal que dans l'abus des richesses, de la force,
» de la puissance.

» Que celui qui est riche soulage le pauvre ! et sa richesse
» sera bénie !

« Que celui qui est fort défende le faible, et sa force sera
» bénie !

» Que celui qui est puissant commande aux hommes la
» charité, l'amour, et sa puissance sera bénie !

» Enfant de Dieu, que mes paroles tombent sur ta pau-
» vre âme, non comme le fer rouge qui brûle et envenime,
» mais comme la rosée sur le gazon qui se dessèche, comme
» l'eau du ciel sur la fleur qui se courbe et dépérit ! Tiens à
» la vie comme la plante à la terre, mais comme la plante
» aussi cherche un air libre et élève toi vers le ciel ! »

La politique faisant la base du sujet de cette œuvre, le
comité, suivant les statuts de la Société, n'a pas eu à s'occuper
d'une récompense à décerner à l'auteur.

D'après l'examen qui vient d'être fait, l'association Racinienne peut se féliciter des résultats obtenus dans ce concours,
cette association est maintenant assurée des sympathies publiques.

Après plusieurs observations sur le concours, faites par
les membres on procédé au renouvellement du bureau ; le
bureau est maintenu.

M. De Roosmalen est appelé à faire la lecture d'une pièce
intitulée *les Champs Élysées*, adressée à la Société Racinienne ;
il lit ensuite des fragments d'une des tragédies du concours,
Imogène.

Après ces lectures M. le Président lève la séance, en annon-
çant la solennité du lendemain.

SÉANCE DU 24 JUIN.

Le 24 juin, à 11 heures, la Société Racinienne se réunit
en assemblée publique et générale sous la présidence de
M. de Noailles duc de Poix ; le bureau est composé comme
la veille.

Le secrétaire général fait la lecture du procès-verbal de la séance du 25, et ajoute à la communication des adhésions à la Société Racinienne les plus importantes, celle de la lettre de M. de Chateaubriand, ainsi conçue :

Monsieur,

« Je suis très flatté d'être compté au nombre des membres
» honoraires de la Société Racinienne ; mais je désespère de
» pouvoir jamais assister à ses séances : je suis souffrant et j'ai
» renoncé à tout travail. Quoiqu'il en soit, Monsieur, Racine ne
» peut être exposé à aucun refus individuel. Mon nom ne valait
» pas la peine d'attirer l'attention de votre Société ; mais puis-
» que vous avez la bonté de le réclamer, je le mets à votre dis-
» position et à celle de vos honorables collègues.

» Agréez, Monsieur, je vous prie, l'assurance de la considéra-
» tion très distinguée avec laquelle je suis,

Votre très humble et très obéissant serviteur,

Signé CHATEAUBRIAND.

———

M. le président, après quelques mots sur le concours, proclame les noms des lauréats :

Pour l'éloge de Racine et de La Fontaine : trois médailles d'argent :

MM. Emile *Le Franc*; *Haghe*, professeur; Emmanuel *Masseras*. Une médaille de bronze : Frédéric *Cossé*.

Pour le meilleur travail sur cette question :

LES PROGRÈS DE L'ESPRIT COMMERCIAL ET INDUSTRIEL SONT-ILS FAVORABLES AUX ARTS ET AUX LETTRES ?

Une médaille en or : M. Emile *Burnouf*, élève de l'école normale.

Deux médailles en argent : MM. *Collignon*, professeur de rhétorique; *Cabrié*, censeur au collége de Versailles.

Pour le MEILLEUR OUVRAGE INÉDIT, soit en prose, soit en vers.

Trois médailles en argent : MM. Herblot; Duprez, principal du collége de St-Calais; et Nancey, avocat à Melun;

Sept médailles en bronze : MM. Émile Le Franc, déjà nommé; Fellens; Victor Courmaceul; Joseph Bauquier, notaire; E. L'Ebraly; Charles Roméy.

Une mention honorable : A. Coupard, agé de 17 ans.

Plusieurs lauréats viennent-eux mêmes recevoir leur médaille des mains du président.

Une cantate en l'honneur de Racine, paroles de Mlle Désiré Pacault, musique de M. Riballier, maître de chapelle de Soissons, est chantée par M. Dunan de Paris, cette cantate commence le concert danslequel on entend le Mélophone, instrument inventé par M. Leclerc ; d'autres artistes, venus exprès de Paris pour contribuer à l'éclat de cette séance, rivalisent de talent, et obtiennent aïnsi que M. Dunan, les applaudissements unanimes de la brillante assemblée qui s'était réunie pour cette solennité. Sur la demande du bureau, M. De Roosmalen récite plusieurs morceaux des tragédies de Racine.

A l'issue de ce concert, le bureau propose par l'organe du président de décerner les médailles suivantes :

« A M. De Roosmalen, fondateur de la Société, pour le
» zèle dont il a constamment donné des preuves, une médaille
» en or; à Mlle Pacault et à M. Riballier pour la cantate en
» l'honneur de Racine, chacun une médaille en argent : à M.
» Cosmann, violloncelliste, pour le concours de son beau ta-
» lent qu'il a bien voulu prêter deux années de suite au Con-
» grès Racinien, une médaille d'argent; à M. Leclerc,
» comme inventeur de l'instrument si harmonieux, le MÉLO-
» PHONE, une médaille d'argent. » Cette proposition est adoptée
à l'unanimité par l'assemblée entière.

Le président lève la séance, et tous les membres du Congrès se rendent à la fête publique, préparée par les soins de l'au-

torité communale. Ainsi que l'année 1841, la fête Racinienne
se termine par un banquet général et par un bal qui réunit
toutes les notabilités de La Ferté-Milon et des environs.

––––––––

MÉMOIRE DE M. ÉMILE BURNOUF, QUI A REMPORTÉ LA
MÉDAILLE D'OR, SUR CETTE QUESTION :

*Les progrès de l'esprit commercial et industriel sont-ils favorables
aux arts et aux lettres ?*

EXTRAITS :

> L'effet naturel du commerce est de porter
> à la paix... Mais nous voyons que dans
> les pays où l'on n'est affecté que de l'es-
> prit du commerce, on trafique de toutes
> les vertus morales, les plus petites
> choses, celles que l'humanité demande,
> s'y font et s'y donnent pour de l'argent.
>
> MONTESQUIEU, *Esprit des Lois.*

Dans son préambule, que nous ne pouvons donner ici faute
d'espace, l'auteur jette un coup d'œil général sur l'essor que
prennent en ce moment l'industrie et le commerce, et remarque que cette exaltation des idées commerciales et industrielles, concourt au dépérissement de la littérature. Le reste
du travail est divisé en cinq chapitres, dont nous reproduisons
les principales parties :

« Si nous considérons qu'avant toute chose un peuple est
la réunion d'un certain nombre d'individus travaillant à une
œuvre commune, et que chacun de ces individus ne peut apporter dans la société que les idées, les principes et les passions
qu'il porte en lui-même, nous pouvons déjà nous diriger avec
plus d'assurance vers le but que nous poursuivons. Car, ce
fait constaté, nous sommes logiquement conduits à chercher

d'abord dans la nature même de l'homme les éléments d'où
naît l'esprit de commerce et d'industrie, et ceux dont la littérature et les arts sont l'expression : c'est pourquoi nous devrons
considérer avec Bossuet le genre humain tout entier comme
une nation dont chaque individu est un peuple ; les idées d'un
peuple seront pour nous comme les idées d'un seul homme,
et la vie d'une nation comme la vie d'un individu. Or il arrive
qu'un individu naît, vit et meurt : pendant tout ce temps sa
pensée ne l'abandonne point ; mais par un travail lent, succes-
sif, imperceptible, elle se modifie de jour en jour et passe
sans cesse par de nouvelles formes ; elle se développe, acquiert
toute sa vigueur, puis s'allanguit et décroît jusqu'au moment
de la mort, où elle va renaître immortelle dans le sein de
Dieu. Ce labeur de l'intelligence humaine est l'œuvre de peu
d'années, puisque les plus longues vies ne vont guères au delà
de cent ans. A chaque époque de sa durée domine dans l'âme
de l'homme un principe qui semble s'y établir à l'exclusion
de tous les autres et les soumettre quelquefois au point de
les anéantir : néanmoins ce principe a lui-même son temps,
il naît, vit et meurt comme tout le reste.

Nous ne pouvons pas nous arrêter à décrire les mœurs et
les occupations de chaque âge : des philosophes et des poètes
illustres l'ont fait avant nous avec tant de précision et de
vérité ! Il nous suffit de dire, en les répétant, que dans l'enfance il se fait un travail intérieur où l'imagination seule domine sans règles et sans frein, à la fois très énergique et
très vagabonde. Plus tard cette imagination aidée par la culture et contenue par l'éducation, se produit au dehors dans des
œuvres plus régulières et plus conformes au type absolu de
la beauté. Ce n'est point encore l'âge mûr, c'est l'âge de
l'imagination modifiée et embellie par des formes plus précises nées de la raison même qui commence à se développer à
son tour. C'est d'ordinaire le temps où les hommes de génie
enfantent leurs productions les plus brillantes soit dans la

littérature soit dans les arts : la logique s'y mêle déjà sans s'y faire voir, elle modère l'inspiration sans la refroidir. Bientôt elle va dominer à son tour : l'imagination s'affaiblit, l'âme devient moins sensible, mais elle acquiert plus de précision et d'exactitude dans ses opérations ; l'esprit devient sévère, souvent triste, toujours calculateur ; la morale aussi prend un caractère plus grave et plus rigoureux : alors des passions énergiques viennent lutter contre les instincts généreux ; l'intérêt s'éveille et souvent triomphe. Mais dans une âme grande et puissante, ce combat des intérêts et des devoirs, cette lutte de la volonté contre elle même, si fortement retracée par St-Augustin, devient un spectacle sublime. C'est l'âge mûr ; c'est l'âge où la raison domine ; l'homme est plus froid, ses inspirations plus rares et moins élevées ; il est moins sensible aux beautés de la littérature et des arts, moins capable de les reproduire : mais il est vraiment homme : s'il est moral il est dans le plus beau temps de sa vie. A cet âge toutefois, si une passion vient à s'élever dans son cœur, c'est plus que toute autre la passion de l'intérêt ; s'établit-elle en dominatrice, l'âme devient étroite stérile, pleine de calculs égoïstes, incapable de rien de grand, parcequ'elle s'est mise pour ainsi dire au service de son corps. Les occupations de l'âge mûr passent en habitudes dans la vieillesse, et ces habitudes se fortifient avec le temps : un homme de bien, l'est dans sa vieillesse comme à tout âge ; un homme sans vertu cultive ses vices et les nourrit jusque dans ses dernières années.

» Il en est des nations comme des individus. Chaque peuple a son enfance, pleine de fantômes et de bizarres productions sans raison et sans règles ; sa jeunesse, où domine une imagination brillante et élevée, jointe à l'élégance des mœurs et à la pureté du langage, où les ouvrages des grands hommes sont inspirés par les sentiments du cœur encore plus que par la raison ; son âge mûr, où le règne du raisonnement commence, où tout est soumis au calcul et aux déductions de la

logique, où les grandes actions, comme les grands ouvrages,
sont réfléchies avant d'être exécutées; enfin sa vieillesse où se
perpétuent les principes dominants de l'âge mûr, et où s'in-
vétèrent des habitudes sociales aussi indestructibles que les
habitudes du vieillard, et qui ne cèdent qu'à la mort.

» On voit d'après ce qui vient d'être dit que, l'âge le plus favorable au développement de la littérature, c'est cet âge inter-
médiaire, placé entre l'enfance et l'âge mûr, qui tient de l'une
l'imagination qui entraîne, et de l'autre la raison qui dirige.
Toutefois il paraît que dans les littératures les plus parfaites
et les plus originales, c'est l'imagination qui domine : c'est
elle qui donne un caractère national au génie littéraire d'un
peuple et qui crée aussi dans les arts ces différences souvent
profondes qui les font classer par écoles suivant les lieux où
ils se sont développés.

. . . . Quand un peuple a eu son grand siècle, et
que déjà son imagination se refroidissant, il devient plus
positif et plus raisonneur, il ne faut plus attendre de lui
des œuvres vraiment originales dans les arts et dans la littérature : car il perd d'année en année le principe même d'où
dépend cette originalité. Nous ne voulons pas dire toutefois
qu'un peuple arrivé à ce point ne produira aucun ouvrage
remarquable; car à toutes les époques il peut s'élever de
grands hommes qui font briller l'imagination la plus féconde
jointe à la raison la plus solide : mais ces grands hommes
eux-mêmes ne pourront pas s'isoler du monde où ils vivront;
ils prendront à leur siècle son esprit et ses habitudes : si le
siècle est immoral, il est à craindre qu'ils le soient comme lui;
s'il est sérieux ils le seront de même; s'il se livre à la culture
des sciences exactes, ou s'il est fécond en découvertes touchant la nature et le monde, cet esprit d'analyse et de dé-

duction, se transportera à leur insçu dans leurs écrits; la langue elle-même y prendra un caractère de logique plus rigoureuse; les mots de la science y pénètreront, et le public, accoutumé à les entendre et à les prononcer, ne s'apercevra de leur présence que s'il vient à relire et à étudier les écrits des siècles passés. A cette époque il y a donc une vraie décadence littéraire; les esprits perdent de plus en plus cette imagination à la fois pure et élevée qui brillait de tout son éclat dans le grand siècle; ou bien si cette imagination vit encore, au lieu de s'inspirer des sentiments et des passions du cœur, il arrive ou qu'elle se matérialise en quelque sorte et se repaît d'images purement physiques, ou bien qu'elle s'attaque aux grandes questions philosophiques du monde et de Dieu, deux excès également pernicieux : car le premier rapetisse la poésie en la rabaissant toujours vers les formes terrestres, le second introduit le vague et la rêverie dans les conceptions précises et rigoureusement vraies de la raison; l'un fatigue l'esprit par la multiplicité des objets, comme l'œil par une variété infinie de couleurs, l'autre nous entraîne dans des régions inconnues où nous avons peine à nous retrouver nous mêmes ; le premier est comme le matérialisme, le second comme le panthéisme de la poésie. Au contraire, celui qui joint à une imagination jeune et vigoureuse, une raison ferme et une âme élevée, celui-là, s'il naît dans le siècle de la jeunesse d'un peuple peut devenir un Racine en poésie, un Bossuet en éloquence. S'il trouve la langue à peine formée, il lui impose le cachet de son génie; il est de son pays par l'imagination, et il imprime à la littérature qu'il forme un caractère d'originalité profonde.

» Toutefois il serait exclusif d'abandonner à la seule imagination le droit de fonder des littératures nationales. Chaque peuple a bien aussi sa part de raison, ou pour mieux dire sa tendance plus ou moins grande vers les études rationnelles; et ces tendances, suivant leur énergie, modifient le caractère de la

littérature et des arts dans chaque nation. Mais il n'en reste
pas moins vrai que dans les ouvrages qui touchent à la science,
dans les écrits philosophiques par exemple, les questions trai-
tées de préférence par les philosophes du grand siècle seront
celles qui se rapprocheront le plus de l'imagination par là
grandeur des idées qu'elles agitent ; ainsi au siècle de Périclès,
Platon, au siècle de Louis XIV, Leibniz, Malebranche, Fénelon
et d'autres encore ont été de purs métaphysiciens, et pour
ainsi dire les poètes de la philosophie. Au contraire dans les
siècles qui suivirent, la philosophie devint plus rigoureuse, plus
précise, plus scientifique, comme nous le voyons par les écrits
d'Aristote et par ceux de nos contemporains.

» Nous avons examiné jusqu'ici à quelle époque de la vie d'un
peuple la littérature et les arts doivent atteindre leur plus
grand développement, et nous sommes arrivés à cette conclu-
sion qu'il y a pour les nations un temps de jeunesse où la raison
froide et la logique rigoureuse ne sont encore qu'un aide
pour l'imagination créatrice, la secourent sans s'élever au-
dessus d'elle, et forment ses conceptions sur le type idéal du
beau sans lui ôter sa hardiesse et son énergie. Cet âge heureux est sans contredit le plus favorable aux lettres et aux arts.
Ce n'est donc point et ce ne peut être à cette époque que
dominera l'esprit de commerce et d'industrie : car cet esprit
a pour mobile la réflexion qui calcule et non l'imagination
qui crée.

» Nous ne prétendons nullement ici qu'il ne puisse pas
exister des peuples où un grand développement commercial et
industriel concoure avec un grand développement littéraire :
l'histoire ne manquerait pas de nous contredire. Mais si l'on exa-
mine de près les caractères d'une littérature ainsi affiliée au commerce et à l'industrie, on trouvera bientôt qu'un esprit positif
et froidement matériel a pénétré dans la plupart des écrits ;

on reconnaîtra en même temps qu'un peuple de cette nature n'a presque jamais réussi dans les arts : il lui a manqué un élément essentiel de la nature humaine, et l'on peut dire que pour avoir été exclusif, il est demeuré incomplet. Des peuples anciens se sont trouvés dans ce cas; des peuples modernes s'y trouvent aujourd'hui, et l'on ne manquera pas de nous entendre sans qu'il nous soit besoin de les nommer.

» Mais, sans chercher à soutenir cette opinion exclusive et qui nous entraînerait dans de graves erreurs, nous pensons que chez un peuple complet, c'est-à-dire à qui il n'a manqué aucun des éléments de la nature humaine, et chez lequel chacun d'eux s'est développé à son tour, dans son ordre et à son époque, ce que nous appelons l'esprit de commerce et d'industrie a dû n'apparaître qu'après le grand siècle de la littérature et des arts. Un peuple dans l'antiquité nous semble avoir réalisé cet idéal dont nous parlons, c'est le peuple Athénien. Suivant de soi-même la marche régulière et pour ainsi dire logique de notre nature, il a passé par toutes les périodes de la vie d'un individu, enfant jusqu'à Solon, jeune et inspiré sous Périclès, logique et mûr au temps de Démosthènes, vieillard et décrépit jusqu'à la conquête Romaine. Sa vie a été courte et son histoire se borne à sept ou huit cents ans. Mais sa population n'était pas nombreuse et ne s'est pas élevée au delà de 80,000 hommes libres; (1) en outre, la constitution établie par Solon, l'énergie républicaine qu'elle répandit dans toutes les âmes, et cet essor qu'elle fit prendre à toutes les facultés de l'esprit à la fois devait bien, elle aussi, amener plus vite le développement complet de cette nation et diminuer d'autant sa durée (2). Mais ce qui est plus digne d'attention, c'est que, malgré les limites étroites où il fut renfermé dans le temps

(1) V. M. Bochk. Econ. Polit. des Ath. vol. I. Ch. 3, 4, et 7.

( ) V. Bulwer. Athens : its rise and fall.

et dans le lieu, malgré la lutte acharnée de l'ambitieuse et égoïste Lacédémone, le peuple d'Athènes, a plus fait pour l'humanité tout entière que ne firent les aristocraties de la Grèce, et cette Rome si grande qui engourdit le monde pendant cinq cents ans. C'est, comme nous le disions tout-à-l'heure, que le peuple d'Athène a eu son développement régulier, complet et naturel, tandis que les autres états de la Grèce et Rome elle-même ont été dominés par un ou plusieurs principes exclusifs et corrupteurs. Sparte, Thèbes et les autres états Doriens soit en Grèce, soit en Asie-mineure subordonnèrent toute leur conduite à l'esprit de domination guerrière, empreint dans la législation : Sparte et les États Doriens sont demeurés stéri-les en toute chose ; on ne cite que Pindare, de Thèbes ; encore est-il le plus souvent inspiré par l'esprit Athénien déjà puissant à cette époque, et vint-il dans un temps où Thèbes n'avait pas encore sa constitution guerrière bien établie (1). A Corinthe, située sur les deux mers et voisine d'Athènes, domine l'esprit de commerce et d'industrie : Corinthe a eu des archi-tectes et des sculpteurs, point de littérature. Rome a eu des poètes, des orateurs et des historiens ; mais tous sont inspi-rés par cet amour de la domination, qui fut cause de la gran-deur, des désastres et de la corruption de ce grand état: d'ail-leurs pas un de ces grands hommes n'était né dans Rome; on allait étudier à Athènes, encore plus polie que ses vain-queurs (2); Virgile avait passé sa jeunesse à Naples et n'était venu dans la Ville qu'après la publication de ses premières œuvres et sur la demande de Pollion. Rome, on peut le dire, n'a point réussi dans les arts ; pour construire ses édifices il lui fallut recourir à toutes les nations qu'elle venait de sou-mettre, et ce fut encore le génie d'Athènes qui brilla dans les arts Romains.

(1) Aristote. Politiq. liv. V.
(2) V. Lettres de Cic. à son fils.

La littérature et les arts ont donc besoin, pour se développer dans toute leur grandeur, d'un état politique et civil
qui ne soit point réglé sur un principe exclusif, et dans la marche régulière d'une grande nation l'esprit de commerce et
d'industrie doit venir après le grand siècle littéraire. Il résulte
de ces considérations que, si cet esprit se propage dans un
peuple avant le temps, l'imagination et le goût s'affaiblissent
et par suite la littérature et les arts sont en grand péril :
ils y naîtront peut-être, ils pourront même y prospérer ; mais
il n'y aura point dans des productions, ainsi contrariées par
l'esprit public, ce goût exquis et cette pureté de la pensée
qui ont élevé si haut les arts et la littérature d'Athènes.

Si le commerce vient à s'établir chez un peuple
au point d'envahir tout et de dominer sur des principes meilleurs que lui, en un mot, si une nation vient à nourrir dans son
sein ce que nous appelons l'*esprit* de commerce, il doit s'élever
à sa suite de funestes obstacles à la culture des arts et des
lettres. C'est ainsi que nous entendons établir une distinction
entre l'esprit de commerce et d'industrie et le commerce
même : celui-ci est un fait, l'autre est ce fait même passé en
principe. Tant que le commerce n'est qu'un fait, il nous semble favorable au progrès de la littérature et des arts : car s'il
est vrai qu'un individu réduit à lui même n'arrivera jamais à
la perfection qu'il eût pu atteindre, s'il est vrai que tout homme
profite de la société de ses semblables en s'éclairant de leurs
lumières et en se polissant à leur contact, nous croyons qu'on
peut en dire autant des peuples, que les rapports des uns avec
les autres profitent à tous et à chacun : car si les uns et les autres
perdent dans ce mélange un peu de leur originalité, toutefois
il est impossible que, se communiquant leurs idées et leurs
connaissances, ils n'y gagnent pas une intelligence plus éclai-

rée, une sensibilité plus exquise, et une raison plus ferme. Les richesses aussi, qui sont les fruits du commerce, les richesses, tant qu'on ne les poursuit point pour elles-mêmes sont un moyen de plus et comme un instrument favorable à la culture des lettres et des arts : si elles ne se concentrent point dans certaines familles, elles augmentent peu à peu le bien-être du peuple, lui donnent plus de loisir, adoucissent ses mœurs et, en introduisant plus de politesse dans ses manières, contribuent aussi à épurer la langue et à aiguiser le sentiment du beau dans les arts. Aussi voyons-nous dans l'histoire de toutes les grandes nations que le commerce prospérait chez elles et y était en honneur à l'époque des grands siècles littéraires. Au temps de Périclès, Athènes faisait le commerce dans tout le monde connu, l'Euxin lui envoyait du blé, la Thrace des matériaux pour la construction des navires, l'Asie-mineure, les îles de la Méditerranée, et l'Afrique apportaient au Pirée des productions de tout genre; on naviguait jusqu'à Thurium en Italie; d'immenses entrepôts établis à l'Odéon, au Long-Portique, à l'Arsenal maritime étaient remplis de marchandises vendues au peuple à vil prix; la législation commerciale avait acquis une précision étonnante, et cette ville surpassait déjà en prospérité la riche Corinthe par les avantages et les garanties qu'elle offrait aux navigateurs. Pendant ce temps florissaient Eschyle, Sophocle, Euripide, Platon; Phidias était le directeur général des constructions publiques; d'habiles artistes se distinguaient dans la peinture, la sculpture, l'architecture; la musique était en honneur; c'était le beau temps de la république, quoique sa constitution politique et civile ne fût pas encore parvenue à cette perfection qu'elle atteignit au temps de Démosthènes.

Cette heureuse influence du commerce a été surtout puissante en Italie à la fin du moyen-âge et au commencement des temps modernes. Quoi de plus brillant que la poésie de Dante et de Tasse? Quel goût dans les arts plus pur et plus

éclairé que celui de Michel Ange et de Raphaël? Et en même
temps quel commerce plus prospère que celui de Florence, de
Venise et des autres républiques d'Italie? « La supériorité
» dans les arts, dit un historien de nos jours, est dans ce pays le
» trait caractéristique du XVIᵉ siècle : les anciens restent sans
» rivaux dans la sculpture; mais les modernes les égalent
» dans l'architecture; et, dans la peinture, ils les surpassent;
» l'École romaine se distingue par la perfection du dessin,
» l'École vénitienne par celle du coloris. » (1) Le commerce
de l'Italie n'était donc point défavorable à la culture des arts
et des lettres, il ne faisait que les aider : les Médicis étaient
des marchands enrichis.

En France, la littérature naquit en même temps que le
commerce, sous François 1ᵉʳ, vainqueur et vaincu en Italie :
outre les rapports intimes que la France eut avec ce pays des
arts, la découverte récente du Nouveau-Monde, les voyages
aux Indes par le Cap de Bonne-Espérance, la gloire du règne
de Ferdinand et d'Isabelle devenus les plus riches souverains
de l'Europe, avaient entraîné tout l'Orient à la suite de Colomb,
et ouvert toutes les mers aux navigateurs : cet enthousiasme,
moins puissant en France qu'en Espagne et en Portugal, sus-
cita néanmoins dans notre patrie un grand nombre de négo-
cians et d'armateurs de navires, qui introduisirent dans l'état
des richesses nouvelles. Le règne de Henri IV et la belle
administration de Sully répandirent dans tout le pays une
aisance et un loisir inconnus jusqu'alors; la littérature et
les arts firent chaque année des progrès, et le grand siècle
ne devait pas tarder long-temps. Sous Louis XIV la littérature
Française a brillé d'une splendeur capable peut-être d'éclip-
ser toutes les littératures connues jusqu'à ce jour; la liste des
grands hommes de cette époque formerait tout un livre; les

(1) Michelet. — Tableau de l'hist. mod. p. 105 et 57.

arts, moins éclatants, il est vrai, qu'ils l'avaient été naguère
en Italie, ont eu néanmoins de dignes représentants. Et nous
ne devons pas oublier que le commerce florissait à cette
époque, quoiqu'il ne fût pas aux mains des grands, que la
guerre loin de l'affaiblir en avait montré toute l'importance,
que nos premières colonies datent de ce règne, et que Colbert eût laissé la France très riche et très puissante, si
la prodigalité d'un monarque absolu et les entreprises hasar-
deuses de sa vieillesse n'eussent détruit l'ouvrage d'un si grand
ministre.

Mais il est aussi dans notre nature de nous laisser entraîner
à chaque époque de notre vie par des instincts ou des passions énergiques, qui souvent nous poussent à des excès funestes, et qui pourtant, contenues dans de justes bornes, ne
pouvaient avoir que d'heureux effets. Quand un peuple a
goûté au luxe et aux douceurs de la richesse, il aspire après
elles avec une ardeur toujours croissante, il les poursuit par
le monde, il s'y attache comme à sa fin dernière. Le commerce devient une sorte de principe et de règle : et dès lors,
tous ensemble, et les particuliers et l'état ne cherchent
plus qu'à s'enrichir. Cet esprit naît avec la décadence des lettres et des arts et il en hâte la ruine. Quant il s'établit dans
une nation il ne tarde pas à envahir toutes les âmes, à les
courber vers la terre, comme dit le poète, et à faire régner
sur toutes choses le plus déplorable matérialisme.

A cette époque, nous ne craignons pas de le dire, une
révolution est un grand bonheur, si elle amène à sa suite la
puissance du peuple, car on a l'espoir d'une ère nouvelle.

Dans Athènes qui conserva sa liberté jusqu'au dernier
jour, de grandes fortunes ne furent point accumulées sur un
petit nombre de têtes, et le peuple ne fut jamais misérable

comme il l'est aujourd'hui, dans Londres; comme il le fut chez nous il y a moins de soixante ans. Aussi Athènes n'eut-elle pas besoin de révolution. Les grands poètes et les grands artistes brillèrent sous Périclès; mais si le peuple devint logicien d'inspiré qu'il était, ce ne fut que par degrés et la nation tout entière, grands et petits, fut entraînée dans cette succession régulière de changements. Aussi, quoique l'esprit de commerce s'accrût tous les jours dans cette république, la littérature ne mourut pas; le goût ne s'affaiblit que lentement et l'on eut encore de grands écrivains : Démosthènes, Eschine, Aristote ne furent pas des hommes de second rang et leurs écrits sont demeurés immortels. La langue, il est vrai, n'avait plus ce brillant et ce lustre, les œuvres des grands hommes n'avaient plus cette inspiration et cette poésie du siècle de Périclès; les esprits étaient plus froids et plus raisonneurs, mais la pensée était pure, claire, précise; les écrits changeaient de sujets et de forme, la langue ne se déformait pas.

Il n'en est pas ainsi des nations où les richesses et la liberté sont le privilége d'un petit nombre. D'un pareil état de choses il suit d'abord que les riches amassent sans cesse, perdent toute morale, et se livrent aux jouissances du corps parcequ'ils sont devenus incapables de goûter les plaisirs du cœur. La littérature s'enfuit du milieu d'eux; mais où se réfugiera-t-elle, si elle ne se met à leur service ? Le peuple est dans une misère profonde, et, quand il peut à peine gagner sa vie, a-t-il le temps de se livrer à la culture des lettres et des arts ? c'est pourquoi tout s'affaisse : l'état se divise en castes et en partis, les uns débauchés, les autres misérables ; il est sur le penchant de sa ruine, et il ne manque plus qu'un ennemi pour le renverser. Rome en vint à ce point sous les empereurs, et si elle traîna son agonie durant quelques siècles encore, elle le dut à la seule force de sa constitution. La révolution fut faite par le christianisme et consommée par les barbares. — La France ne valait guères mieux avant notre grande révolution.

Le règne de Louis XIV avait été suivi d'une prompte décadence ; Voltaire avait porté le dernier coup à la morale publique ; le matérialisme et l'irréligion sont au fond de tous ses
écrits ; les richesses et le pouvoir étaient aux mains de quelques familles dépravées, et la puissance absolue prêtait son
appui à l'immoralité. Les arts venaient de mourir, et les
écrits de ce temps n'étaient que de pâles copies des grandes
œuvres du siècle précédent. Deux hommes portèrent un
coup fatal à cette Société dissolue : Jean-Jacques renversa, et
Montesquieu rebâtit : mais le premier seul a accompli son
œuvre, le second a éclairé les politiques sans que son système
fût réalisé. Quand il se fait dans un peuple une révolution de
cette nature, il se commet de grands crimes, car rien n'est respecté dans le désordre du combat : les hommes les plus ho-
norés, les littérateurs et les savants sont arrachés à leurs livres
et à leurs calculs pour être conduits à la mort. Mais à toutes
ces passions déchaînées survivent d'ordinaire deux principes
puissants qui accompagnent naturellement la naissance de la
liberté : ce sont l'esprit de législation et l'esprit scientifique.
Sous une monarchie absolue le premier ne peut guères se
montrer parcequ'il est dominé et comme étouffé par la volonté
toute puissante du souverain ; mais quand le peuple a conquis
sa part de puissance, il fait des lois, et d'abord il étudie et il
pense. Quant à l'esprit que nous appelons scientifique, il a
besoin de deux aides pour se développer ; de la liberté, et de
la richesse : mais l'absolutisme monarchique ne peut s'appuyer
que sur une puissante aristocratie ; la liberté et la richesse
ne sont donc point encore le partage du peuple, et quand
l'une et l'autre se propagent dans ses rangs par la négligence
des rois, ce sont des armes qu'ils lui permettent de fabriquer
contre eux-mêmes, mais il arrive aussi que le peuple, n'a ni
assez de loisir ni assez d'argent pour cultiver les sciences :
elles restent donc dans les mains des nobles et de leurs pro-
tégés : or dans le grand siècle littéraire, l'esprit même qui

5

règne à cette époque réduit les sciences à la pure spéculation ;
on voit paraître des livres de métaphysique, d'astronomie, de
mécanique rationnelle ; les sciences mathématiques sont en
honneur ; mais comme la noblesse n'a pas besoin pour être
riche d'appliquer les principes découverts par les grands hommes, l'industrie n'est point encore dirigée par la science, c'est
toujours cette industrie populaire et antique née des besoins
du commerce et dont toutes les inventions sont l'œuvre de la
pratique et non de la théorie. La vraie industrie fondée sur la
science rationnelle et réglée sur les découvertes des savants
est fille de la liberté et de la richesse qui en est la suite. Nous
ne devons donc pas nous étonner des rapides progrès des
sciences et de l'industrie depuis cinquante ans.

. . . .

Si l'on ne considère que la situation actuelle des peuples de
l'Europe, la Société chrétienne, régulièrement constituée, dont
l'état nous paraît le plus déplorable, c'est la Société Anglaise ;
et c'est elle, à nos yeux, qui doit le moins espérer une période
brillante dans la littérature et les arts. Il suffit de jeter les
yeux sur son état présent pour s'en convaincre. Ses révolutions passées n'ont point introduit dans la Société un élément
de vie nouvelle ; la suite des choses a amené, là, comme ailleurs l'affaiblissement du pouvoir royal, mais pour élever à
côté de lui et au dessus de lui une aristocratie oppressive et
toute puissante ; composée d'un petit nombre de familles,
c'est par elle et pour elle seule que se fait le commerce et
que se développe l'industrie. Ce commerce s'étend par tout le
monde ; des sommes immenses sont mises en mouvement et
se grossissent entre les mains de ces riches dont le nombre
diminue : cependant le pauvre peuple est plongé dans une
odieuse misère ; les riches le craignent encore, comme le font
voir les événements de chaque année ; mais ils le flattent et
l'oppriment, de peur de s'enrichir un peu moins et de perdre

tout s'ils venaient à perdre quelque chose. L'industrie reçoit en Angleterre un développement plus rapide que partout ailleurs : car l'aristocratie qui la gouverne met en œuvre les deux prétextes du vieux Caton : qu'il faut employer le moins de bras possible, et qu'il vaut mieux les acheter que de les louer; elle accomplit l'un et l'autre par ses machines. Rome le fit par ses esclaves, et Rome perdit d'abord sa liberté, puis sa morale publique, enfin Rome se perdit elle-même. Des richesses excessives étaient aux mains de quelques uns qui se perdirent dans le luxe (1); les esclaves sans emploi mouraient de faim dans les *Ergastula,* et le peuple pour vivre vendait sa conscience. Ainsi la corruption gagna le peuple et les grands : car l'extrême abondance et l'extrême privation aboutissent à ce même résultat, l'avilissement et l'impuissance. Si l'Angleterre marche longt-temps encore dans le chemin qu'elle poursuit, nous ne voyons pas qu'elle puisse éviter le sort de Rome. Il est constant que l'Angleterre n'a point de morale publique, et les lois seront impuissantes contre le principe corrupteur qui l'envahit soutenu par le commerce et l'industrie. Dans cet état l'Angleterre n'a plus rien à demander aux lettres ni aux arts : ceux-ci n'ont jamais fleuri chez elle par les raisons que nous venons de dire; la littérature même n'y a point eu cette pureté et ce goût exquis de la belle littérature Française ; ses plus grands auteurs ont une imagination sans règles et sans frein qui se repaît d'images physiques et cherche à nous toucher par les sens encore plus que par le cœur. Nous ne voulons point rabaisser ses grands hommes : la terre la plus ingrate peut nourrir ça et là quelque belle plante ; mais Milton lui-même n'est point demeuré en Angleterre, et sans doute il s'est inspiré du goût Français qui dominait alors dans son pays (2); Addison, soumis à la même influence, n'est

(1) V. Dureau de La Malle (Économie polit. des Romains).
(1) Michelet. Tableau de l'hist. mod. p. 126.

Anglais que par le nom et la langue ; sa pensée est celle d'un homme de bien de quelque nation qu'il soit. Aujourd'hui l'Angleterre ne produit plus ; l'égoïsme l'a rendue stérile ; le commerce et l'industrie, qui semblent la placer à la tête des nations, la minent et la dégradent en favorisant dans son sein la corruption des grands et l'avilissement du peuple.

Ces considérations et d'autres plus tristes encore mais non moins précises, nous avaient inspiré cette réflexion que, dans une situation pareille, la société n'a plus d'espoir que dans une révolution, pourvu qu'elle amène à sa suite la puissance du peuple. La nôtre s'est faite, et il a fallu de grandes violences pour la faire accepter de toute la nation ; elle a été contrariée par les princes déchus, par les aristocraties et les royautés de l'Europe ; mais l'œuvre s'est accomplie, le mouvement était donné ; la puissance de la nation, méconnue un moment par l'ancien gouvernement restauré, s'est fait de nouveau reconnaître en 1830 ; peut-être la lutte n'est-elle pas encore terminée ; mais quelques combats que nous prépare l'avenir, l'issue nous en semble inévitable. C'est pourquoi l'état de la France ne fait pas naître en nous les mêmes inquiétudes que nous éprouvons au sujet de l'Angleterre. Qu'il existe encore chez nous, comme dans ce pays, une aristocratie riche et puissante, nous ne le nierons pas ; mais il y a entre elle et le pauvre peuple une classe moyenne qui maintient l'équilibre et sert de lien entre les grands et les petits. Le travail de ces derniers profite à tous et surtout à eux-mêmes ; l'entrée de la classe moyenne leur est ouverte, et celle-ci peut s'élever par son travail aux premiers rangs de la Société ; il n'y a donc pas à vrai dire de distinction précise et durable entre les classes ; il n'y a en France que cette hiérarchie des fortunes que nul gouvernement ne saurait abolir sans compromettre sa propre existence. Ici donc l'industrie n'a point pour résultat d'enrichir certaines familles aux dépens du pauvre ; mais, avec l'instruction et le travail, elle se répand de plus en plus jusque dans

le bas peuple et lui rend la vie plus facile. Si nous poursuivons ces considérations, nous voyons que, avec l'amoindris-
sement des grandes fortunes, l'aisance croissante du peuple,
et l'instruction qu'il reçoit, la morale publique loin de déchoir
comme en Angleterre, ne fait que s'améliorer et s'épurer de
jour en jour : il y a beaucoup à faire, nous le croyons ; cependant les mœurs d'aujourd'hui sont bien supérieures aux
mœurs du dernier siècle, et, si le scepticisme est encore au
fond des esprits, il ne faut l'attribuer qu'aux ébranlements
des révolutions, et espérer que le calme de la paix, le bien-
être et l'instruction du peuple, guériront en peu de temps la
société. Avec les principes qui existent au fond de la législation et de la morale en France, nous pensons qu'il ne faut
désespérer ni de la littérature ni des arts. Nous devons le
reconnaître, si nous ne consentons pas à être injustes, notre
siècle a bien eu, lui aussi, ses hommes de talent, de génie
peut-être, et les applications des sciences ne leur sont point
étrangères, plusieurs vivent au milieu d'elles et les dirigent.
Nous ne pensons donc pas que la littérature soit morte en
France ; nous pensons que l'école dite Romantique n'a aucun
principe de vie, parceque sa pensée est ennemie du goût et
contraire au sens commun. La France peut vivre encore par
la liberté qu'elle protége et l'égalité qu'elle a proclamée
comme fondement de ses lois. Les âges à venir n'amèneront
pas pour elle un siècle semblable à celui de Louis XIV ; nous
ne sommes plus assez jeunes ; mais le siècle de Démosthènes
ne ressemblait pas à celui de Périclès et pourtant il eut aussi ses
grands hommes : pourquoi n'aurions-nous pas les nôtres ? Quoiqu'il en soit de notre avenir littéraire, les arts pour le présent
n'ont rien de désespérant à nos yeux. La musique est cultivée
plus que jamais, souvent avec succès. Mozart n'est point de
notre siècle, il est vrai, et pourtant il a vu notre révolution ;
mais les Beethoven, les Rossini, les Meyerbeer n'ont pas de
rivaux dans le passé. Gretry avait peut-être plus de science

musicale et non moins de goût que nos Italiens; Boïeldieu a laissé des œuvres immortelles. Tous ces grands compositeurs ont trouvé dans notre siècle des artistes capables d'exécuter leurs œuvres et sous ce point de vue le passé n'a rien qui nous égale. Or, nous n'en doutons pas, l'industrie avec la science a contribué pour sa part au perfectionnement des instruments et à la beauté de l'harmonie dans l'exécution des grandes compositions. Ce que nous disons de la musique, nous pourrions le dire de la peinture : cet art a pris dans notre société une extension qu'il n'avait jamais reçue; et quoique nous ne trouvions pas dans nos artistes le génie et l'inspiration des grands maîtres, pourtant on ne peut guères contester le mérite éminent de certains peintres encore vivants ou morts dans ces dernières années : Gros, L. Robert, Delaroche, et d'autres que nous ne nommons pas, ont contribué, eux aussi à la gloire de notre nation et semblent prouver assez que dans un état libre, l'industrie fondée sur la science n'est point contraire au développement des arts. La sculpture compte aussi plus d'un nom célèbre; notre architecture seule a eu peu d'originalité ; et sans doute la première cause du dépérissement de cet art, c'est qu'on ne recherche plus la beauté et l'harmonie dans les monuments, mais plutôt la grandeur jointe à l'utilité sans toutefois que l'on prétende en bannir le luxe. Cet esprit qui préside aux constructions modernes tient aussi aux progrès de l'industrie et du commerce qui mesurent tout et visent à l'économie. C'est pourquoi nous avons eu peu d'ouvrages de goût et beaucoup de constructions gigantesques utiles au bien commun et à la puissance de l'état. Quant aux œuvres d'art proprement dites, la sculpture et la peinture, sans doute aussi une certaine école de musique, ont subi, en s'inspirant de l'histoire ou du roman, la maligne influence et le mauvais goût d'une littérature du siècle ; ces arts ont eu leur Romantisme fécond en caractères outrés, en passions violentes et en productions bizarres. Mais cet esprit n'est pas durable parcequ'il fatigue, et les grandes œuvres où le goût antique a été respecté, seront seules immortelles avec leurs auteurs. Enfin les arts inférieurs, comme le dessin, la gravure, ont trouvé dans l'industrie et dans la science des ressources sans nombre, et marchent vers une perfection que l'on ne saurait imaginer.

Ainsi donc en général, dans un état libre, comme la France ou même l'Allemagne, au moment où l'industrie et le commerce deviennent universels, les arts et les lettres ne peuvent pas tarder à se relever de leur chûte. Car à mesure qu'ils pénètrent dans l'instruction nationale et par elle dans les rangs du peuple pauvre, les intelligences s'éveillent, et de beaux talents peuvent sortir de l'obscurité où ils se seraient engourdis. Dans de tels états, l'industrie et le commerce ayant pour premier résultat d'accroître l'aisance et le loisir du peuple, tout en augmentant les ressources publiques, sont en définitive favorables au développement des intelligences et à la pureté du goût. Mais les meilleurs principes peuvent dégénérer quand ils ne sont point contenus dans de justes bornes ; si l'industrie et le commerce venaient à être exercés pour eux-mêmes et pour le seul motif de l'intérêt privé, ils ne tarderaient pas à envahir toutes les âmes et à introduire même dans des états libres cette froideur égoïste et cette insouciance pour le beau que nous avons reconnue et déplorée chez la nation Anglaise. Plus d'une ville, même en France, se trouve convertie en un amas de manufactures, et ne produit plus que des objets de commerce : Mulhouse, St-Étienne, d'autres encore, sont dans cet état déplorable. Il n'appartient qu'aux gouvernements d'imposer de justes limites à l'esprit de commerce : car les hommes d'état et les députés de la nation ont en main tous les pouvoirs et sont chargés de s'en servir pour le salut de tous. Sans doute on marchera à grands pas vers ce but, quand l'instruction nationale offrira toutes les garanties possibles de moralité : chez un peuple libre, il faut qu'elle devienne une véritable éducation, et qu'en éclairant l'intelligence des jeunes

gens, elle leur enseigne aussi leurs devoirs et les grave profondément dans leurs cœurs. Ce besoin, nous aimons à le
reconnaître, est de mieux en mieux compris de nos hommes
politiques : mais il reste beaucoup à faire Nous pensons que,
après un siècle littéraire comme celui de Louis XIV, et au
milieu d'un grand développement commercial et industriel,
le meilleur moyen de susciter encore des hommes distingués
dans les arts et dans les lettres, c'est avant tout d'augmenter
la morale publique et de défendre ainsi les intelligences contre
les envahissements de l'égoïsme favorisé par le commerce et
l'industrie. C'est en effet le seul moyen de donner à ces occupations un objet légitime, de les faire tourner au profit de la
liberté et du bien publique, et d'accroître l'aisance du peuple,
sans lui fournir les moyens de se livrer à des plaisirs deshon-
nêtes et avilissants. Aussi nous craignons que les États-unis
d'Amérique ne s'engagent dans un avenir fâcheux : car le
gouvernement quoique libre et puissant, a permis trop d'extension à l'esprit de commerce et d'industrie ; il arrive donc
que cette république a pour mobile principal, l'intérêt matériel ;
et dans un état si jeune un tel principe, s'il n'est réprimé,
peut amener les plus funestes conséquences : quand une
nation n'est forte que par son commerce, elle est aux mains
des étrangers. Mais si l'éducation nationale est assez bien constituée pour affermir de plus en plus la morale publique, le
citoyen, nourri dès l'enfance dans des idées graves et chré-
tiennes, s'accoutume à ne regarder la richesse que comme un
moyen de développer son intelligence et de devenir meilleur.
Alors il n'y a plus d'obstacles à la culture des arts et des lettres, et les plus belles inspirations du génie, aidées par un
travail désintéressé, peuvent encore s'exprimer sous les formes les plus pures et avec le goût le plus exquis. Nous sou-
haitons ces biens à notre France et à toutes les nations : mais
nous n'en dirons pas davantage sur leur avenir ; nous crain-
drions d'être téméraire. Nous avons voulu montrer seulement

que l'esprit de commerce et d'industrie n'est point, absolu
ment et par sa nature, ennemi des arts et des lettres, que,
s'il règne seul, il a les conséquences de tout ce qui est exclusif et exagéré, mais qu'il suffit de le restreindre en lui impri-
mant une bonne direction, pour qu'il devienne un moyen de
développement intellectuel et peut-être une occasion de vertu.

3me SESSION.

Le 25 juin 1843, a six heures du soir, la Société Racinienne, se réunit en assemblée particulière, comme les pré-
cédentes années. M. Wallon, maire de Marolle, occupe le fauteuil de la présidence; à ses cotés sont assis : MM. Chartier
maire de La Ferté-Milon, vice président; De Roosmalen, vice
président honoraire; Billet-Bligny, secrétaire général, qui a la
parole pour rendre compte de l'état de la société. Après la
lecture du rapport et après quelques mots du trésorier qui
signale la situation prospère de la caisse, M. De Roosmalen
fait connaitre le jugement du comité sur les pièces envoyées
au concours de 1843. Il donne lecture de la lettre qui lui a
été adressée par l'un des rapporteurs, M. Villenave père, conçue en ces termes :

Monsieur et cher Collègue,

« Depuis huit jours, une assez grave indisposition me
» retient dans ma chambre, et m'empêche de suivre aucun
» travail sérieux.

» Je regrette vivement que cette circonstance imprévue
» m'ait arrêté dans l'examen que j'avais commencé des trois
» *Éloges de Racine*, sur lesquels vous avez appelé mon atten-
» tion et demandé mon jugement.

» Le N° 1 et le N° 2 m'ont paru dignes d'être lus publi-

» quement dans les séances de la Société Racinienne : il y a
» de l'esprit, un très-bon esprit, un style facile ; et, dans le
» N° 2, ces qualités sont encore embellies par le sentiment.
» L'auteur fait les parts de succès que Racine dut à ses étu-
» des, à son génie, à son cœur : Et la part du cœur est la
» plus grande : ce point de vue est vrai, et peut paraître
» nouveau.

« La lecture du plus long des trois éloges n'a pu être ache-
» vée par moi : la fièvre et le malaise m'ont arrêté. Il m'est
» donc impossible d'exprimer une opinion, et je le regrette :
» car peut-être cet éloge est-il supérieur aux deux autres,
» parceque, beaucoup plus étendu, il a pu embrasser le sujet
» dans tout son ensemble.

« Veuillez, je vous prie, Monsieur et cher Collègue, expri-
» mer à la Société Racinienne, combien je me suis trouvé
» contrarié de la subite indisposition qui est venue paralyser
» mon zèle. Il m'eût été doux et honorable d'apporter une
» pierre au monument que la Ferté-Milon a élevé à la gloire
» de Racine avec l'assentiment et le suffrage de Paris, de la
» France et du monde civilisé.

« Je vous renouvèle l'expression sincère de mes vieux sen-
» timens d'estime et d'amitié. »

Paris, ce 23 juin 1843.

Messieurs, ajoute M. De Roosmalen, parmi les ouvrages
envoyés au concours pour l'éloge de Racine, les trois pièces
dont il est fait mention dans la lettre que je viens d'avoir l'honneur de vous communiquer, avaient déjà été choisies comme
supérieures aux autres œuvres reçues sur le même sujet ;
suivant le mode d'examen, ces pièces devaient être confiées
à l'attention d'un rapporteur spécial. La Société a confirmé
le jugement de M. Villenave, et vous demande deux médailles
d'argent et une médaille de bronze, en faveur : la première,

de l'éloge portant cette épigraphe, *Honneur au génie inspiré
par la vertu*, enregistré sous le n° 2; la seconde, au n° 3, avec
cette épigraphe : *Le génie est un Dieu qui compte ses athées*;
le troisième enfin au n° 1 : *Brevis esse laboro obscurus fio*.

M. Jay, de l'Académie Française, qui a bien voulu se livrer
à l'examen des mémoires pour le concours, sur cette question :
*Tableau comparatif des trois grandes époques littéraires, l'époque
de Périclès, l'époque d'Auguste et celle de Louis XIV; déterminer
l'influence et l'action des deux premières sur la troisième*, a jugé
le travail présenté sous la devise : *Le quatrième siècle est
celui qu'on nomme le siècle de Louis XIV et c'est peut-être celui
des quatre qui approche le plus de la perfection*, digne de la
médaille en or. Le comité, entièrement de l'avis de M. Jay,
réclame pour ce travail la récompense promise par votre programme, et de plus témoigne le désir que le mémoire soit
imprimé aux frais de la Société. » Après quelques nouvelles
considérations, M. de Roosmalen fait la lecture des plus importantes parties de l'œuvre couronnée que nous croyons
devoir reproduire ici en entier :

---

*TABLEAU comparatif des trois grandes époques littéraires,
l'époque de Périclès, l'époque d'Auguste et celle de Louis XIV.
Déterminer l'influence et l'action des deux premières sur la
troisième.*

> Le 4ᵉ siècle est celui qu'on nomme
> le siècle de Louis XIV, et c'est
> peut-être celui des quatre qui
> approche le plus de la perfection.
>
> VOLTAIRE *Siècle de Louis XIV. Ch.* 1ᵉʳ.

Le temps en littérature, ne se mesure point par les années.
Qu'une idée féconde surgisse, qu'un peuple intelligent se
place à la tête de la civilisation humaine, qu'un homme, par

l'ascendant du génie ou par l'empire irrésistible d'une volonté habile et persévérante, s'empare des esprits et leur communique sa propre impulsion; avec cette idée, avec ce peuple, avec cet homme naîtra et se développera ce que nous appelons une époque, un siècle littéraire.

Ces époques sont rares dans l'histoire; comme tout ce qui s'élève au dessus de l'ordinaire, elles n'apparaissent que de loin en loin, et passent vite : mais aussi, dans le moment qu'elles brillent, elles jettent un vif éclat et, pour l'avenir, elles laissent une trace profonde, des souvenirs glorieux, et plus encore, d'impérissables monumens.

Trois de ces époques dominent les autres, tant par la multiplicité des génies que par la variété des chefs-d'œuvre. Renfermant en elles tout ce que l'esprit de l'homme a produit de plus mémorable, elles joignent au caractère original qui leur appartient en propre, qui les distingue et qui les date, ce caractère universel qui appartient à tout ce qui est beau et pur, qui n'a point d'âge et ne saurait vieillir dans l'admiration des siècles. Ainsi Périclès, Auguste et Louis XIV, que tant d'années, tant de faits séparent dans l'ordre des temps, sont rapprochés par la gloire des lettres qu'ils aimèrent ou protégèrent habilement; ainsi l'antique génie de la Grèce et de Rome et le génie moderne de la France sont unis par des liens si intimes que, pour les bien comprendre, l'esprit doit les étudier parallèlement, si je puis dire, et sans cesse les comparer.

Telle est la tâche que j'entreprends. Après avoir tracé successivement les tableaux de ces grandes époques, je m'attacherai à les comparer, c'est-à-dire à démêler leurs rapports, leurs harmonies et leurs contrastes, et je déterminerai alors l'influence que les deux premières ont exercée sur celle dont notre patrie s'honore si justement.

SIÈCLE DE PÉRICLÈS.

La gloire des armes a toujours précédé chez les nations la gloire des lettres : ce sont les grandes actions qui suscitent les grands écrivains, qui engendrent les beaux ouvrages. Aussi voyons nous qu'avant Périclès, la république d'Athènes s'était élevée très haut par le courage militaire, et que les guerres Médiques, si glorieuses pour elle, précédèrent ce magnifique mouvement littéraire, devenu son plus beau titre à l'admiration de la postérité. Toutefois, s'il n'est pas juste de prétendre, avec un illustre philosophe, que les lettres corrompent les mœurs, du moins faut-il avouer qu'elles ne s'accommodent pas volontiers d'une austérité farouche ou d'une vertu trop rude, qu'elles demandent une certaine liberté dans les habitudes qui, sous les dehors de la politesse, dégénère souvent en corruption.

Déjà, avant Périclès, Athènes avait oublié les lois de Solon; Victorieuse de ses ennemis, fière de sa belle marine et de son commerce immense qui apportait au Pirée les richesses de l'occident et de l'orient, elle avait ployé sous sa fortune : les antiques vertus d'un peuple grec et libre n'avaient plus cours dans une ville éblouie par le succès et séduite par le luxe ; enfin, le gouvernement de l'état était tombé aux mains non du plus sage, mais du plus habile, et l'éloquence qui avait fait Pisistrate fit également Périclès.

Ce règne de l'éloquence dans la république d'Athènes n'a rien qui doive nous étonner. Dans un pays où les affaires de l'état se traitaient au grand jour et devant le peuple assemblé, où la vie du citoyen était comme attachée au forum, où, par conséquent, chacun avait le droit d'apporter à la tribune les conseils de son patriotisme ou de son ambition, l'empire appartenait de droit à celui qui avait le secret de se faire écouter, aimer de la foule, qui savait tour-à-tour charmer, soulever les passions populaires, en un mot, au plus éloquent. Ainsi

Périclès exerça pendant quarante années un pouvoir plus que royal sur la population la plus indépendante et la plus mobile qui fut jamais.

A Périclès appartient donc dans ce tableau la première place : le nom de ce grand homme est devenu celui du siècle, et il fallait que ce nom fût bien puissant, puisqu'il est parvenu jusqu'à nous, seul, sans être accompagné de ces discours éloquents qui l'ont fait vivre et dont les siècles écoulés ne nous ont transmis autre chose que le souvenir de l'effet qu'ils ont produit. Avant Périclès, dit Cicéron bien digne de le juger, personne n'a été éloquent, il n'y a pas eu de véritable orateur ; et cependant, avant Périclès, l'histoire nous montre et Solon et Pisistrate. Comme il voulait se faire de la parole un moyen de fortune et une arme de puissance, il ne s'attachait pas seulement à convaincre, il voulait plaire ; et il plaisait toujours, lors même qu'il ne convainquait pas. Disciple de deux écoles, il avait acquis, aux leçons d'Anaxagore, une argumentation solide, une connaissance profonde des phénomènes de la nature, une science obscure parfois, mais qui en imposait par son obscurité même, tandisque les préceptes de Zénon d'Elée l'avaient rompu aux subtilités et aux artifices de la tribune, et lui avaient donné cette parole agréable et facile, qui a autorisé Cicéron à dire que Périclès était un orateur « presque « parfait. »

Si d'après cet honorable témoignage, Périclès fut l'homme le plus éloquent de son siècle, en même temps qu'il en fut le plus habile général et le plus puissant citoyen, les rivaux ne lui manquèrent point dans les luttes de la Tribune. Parmi eux se distinguait Alcibiade, le plus dissolu des Athéniens et qui, voilant sous des formes aimables le vice le plus effronté, transporta dans son discours ces grâces trop libres qui l'avaient rendu cher au peuple d'Athènes. Dans le même temps florissaient Lysias, et Isocrate, dont le Panégyrique d'Athènes est resté le modèle du style noble et de la déclamation élégante.

Enfin je dois citer ici quelques orateurs dont l'histoire ne nous a conservé que les noms : Critias, Théramène et autres discoureurs sententieux.

Du moment que l'éloquence avait acquis dans la république une si haute influence, de nombreuses écoles s'étaient ouvertes, où des maîtres, appelés sophistes prétendaient enseigner l'art de bien dire et de déclamer dignement, où ils apprenaient à soutenir avec une égale conviction et un égal succès le *pour* et le *contre*, et se donnaient en outre qualité de philosophes. Ces sophistes n'étaient pas tous dépourvus de talent ni même d'éloquence : Gorgias, Protagoras, Parménide étaient des hommes au moins habiles et ingénieux : mais consumant dans des disputes stériles, dans de vaines déclamations, les ressources d'un esprit trop facile, entortillés, si je puis dire, dans des raisonnements captieux, doutant de tout pour se donner le droit de tout examiner et le mérite de découvrir des vérités manifestes, ils ne purent qu'égarer l'esprit de la jeunesse Athénienne et entraîner à la corruption des âmes déjà séduites par de brillans et dangereux exemples. L'art des sophistes empoisonnait la société à sa source, et les sages leçons de Thalès, la philosophie plus pure sinon plus vraie, dont les maîtres de Périclès, Anaxagore et Zénon d'Elée, semblaient être les derniers représentants, allait être entièrement délaissée, si l'apparition d'un homme de génie n'avait sauvé à temps et la Philosophie et la Société.

Cet homme fut Socrate. Il se donna la mission de combattre les sophistes, de mettre le vice à nu, et d'embellir s'il est possible la vertu en la présentant sous ces formes harmonieuses dont les sophistes avaient habillé leur corruption hypocrite, Socrate succomba, mais à la fin, lorsque cette mission fut accomplie; et en mourant martyr de la science, il lui léguait Platon et Aristote. La révolution qu'il opéra ouvrit une ère nouvelle pour la philosophie.

Pour vaincre les sophistes il se fit lui-même, en quelque

sorte, sophiste : il s'appliqua à paraître plus subtil que ses subtils ennemis : il les terrassa avec leurs propres armes. Veut-il, par exemple, convaincre Hippias d'ignorance et de sottise, Hippias qui se prétend sans peine le plus savant homme qu'Athènes ait jamais vu, comme il semble d'abord s'humilier sous la science de ce grand docteur ! comme son ironie est timide, presque tremblante ! puis, bientôt, comme il se relève, comme il replique, comme il mène Hippias de subtilités en subtilités qu'il tourne lui-même en ridicule à mesure qu'il les lui a persuadées ! Gorgias, Protagoras et les autres sophistes subissent tour-à-tour le même sort et se voient forcés d'avouer leur profonde ignorance en présence du philosophe.

On a dit que Socrate s'était borné à réfuter, qu'il n'avait fait que déblayer le terrain, qu'il n'avait point songé à édifier lui-même. N'eût il que ce premier mérite, sa gloire serait déjà assez belle, car la tâche était rude, mais je ne puis me résoudre à lui refuser l'honneur d'avoir jeté les fondements de l'édifice sur le terrain qu'il aurait si bien préparé, d'en avoir posé la première pierre : et alors, c'est-à-dire quand après avoir réfuté il devient dogmatique, il s'élève aux contemplations les plus hautes : il démontre, avec tant de force qu'il semble les inventer, les vérités éternelles, l'existence logique d'un être premier, la nature supérieure de l'âme, son immortalité certaine ! Si bien que l'on a pu dire qu'il avait fait descendre le ciel sur la terre, et que la postérité, dans son admiration reconnaissante l'a nommé le *divin Socrate*.

Cette œuvre de restauration philosophique si habilement entreprise et si heureusement exécutée par Socrate, tomba, après la mort de ce grand homme, entre les mains de deux disciples célèbres, dont l'un, dans son langage harmonieux et pur, nous a transmis les sublimes entretiens du maître et s'est livré principalement à l'étude, jusqu'alors négligée de l'âme humaine et les phénomènes dont elle est intérieurement

le théâtre : c'est Platon, le fondateur de l'Académie ; l'autre,
Aristote, le père des Péripatéticiens, génie universel, pro-
céda, dans ses raisonnemens séchement formulés mais rigoureusement déduits, par une méthode d'observation physique,
qui n'est pourtant pas trop éloignée dans son but de la méthode toute rationnelle de Platon.

Je citerais encore d'autres philosophes, Aristippe, Antis-
thène, Euclide, qui, unis d'abord sous la loi du maître commun, de Socrate, se divisèrent à sa mort et fondèrent des
écoles rivales, si, dans ce tableau rapide, je ne devais m'arrêter que sur les grandes figures et n'esquisser que les principaux traits.

Je viens de dire quelle a été la mission de Socrate au sein
de la Société Athénienne, quel a été son triomphe : mais dans
cette lutte ardente contre le bon sens faussé, le goût perverti et
la morale corrompue, il fut secondé par de puissans et illustres auxiliaires qui réclament une part honorable au rétablis-
sement des principes. Ce fut du théâtre que lui vint ce secours
inattendu. Le comique Aristophane, les tragiques Sophocle
et Euripide, et notamment Sophocle, ne furent pas seulement
de grands poètes : ils furent aussi parfois, de profonds moralistes, des philosophes, des maîtres, dont les leçons populaires s'adressaient à tous les citoyens.

On se fait en général une fausse idée du rôle que joua Aristophane : on ne voit en lui qu'un satirique plein de fiel, achar-
né après toutes les gloires de son temps, même après celle
de Socrate. Les *Nuées*, aux yeux de bien des gens, ont condamné à jamais la moralité d'Aristophane ; mais si l'on dai-
gnait seulement ouvrir l'histoire et y lire qu'Aristophane a été
long-temps l'ami de Socrate, que, comme Socrate, il a tué par
le ridicule les sophistes et leurs écoles, qu'enfin les *Nuées* n'ont
pas été écrites contre le philosophe divin que le poète comique lui aussi, admira plus tard, mais contre les sophistes au
nombre desquels Socrate même fut d'abord nécessairement

compté, parce qu'alors il ne semblait pas que la philosophie dût revivre, on serait peut être plus facile à l'absoudre et on ne chercherait plus à diminuer par d'injustes restrictions sur la moralité de l'homme, la gloire unique et incontestable de l'écrivain.

Aristophane tient le milieu entre l'ancienne et la moyenne comédie des Grecs. Comme Eupolis et comme Cratinus ses prédécesseurs, dont Horace nous a transmis les noms à côté du sien, il ne craignait pas de représenter sur la scène comique les hommes même dont son génie indépendant, dans des vers pleins de malice et d'esprit, poursuivait impitoyablement les ridicules et les vices. Ce n'était point en s'attaquant aux citoyens honnêtes, comme le soutiennent ceux qui allèguent en la personne de Socrate un exemple que je n'accepte point, ni en ridiculisant la gloire des illustres Athéniens, ce n'était pas, en un mot, sur les ruines des gloires justement acquises qu'il bâtissait sa renommée (1). « Les fripons, les débauchés, les » meurtriers, tous ceux enfin qui par quelque endroit de » leur vie avaient mérité les vers d'Aristophane : voilà, nous » dit Horace, les citoyens qu'il désignait sans pitié à l'indi- » gnation des spectateurs ». En ce sens, la comédie a été et sera toujours morale. Les formes pourront changer : on subs- tituera à l'individu qu'on met en scène le caractère dans lequel cet individu sera compris et souvent reconnu : ou généralisera un portrait particulier : on agrandira le cercle, et on arrivera, par Ménandre, à ce point que Boileau a si bien décrit, où

> « L'avare des premiers rit du tableau fidèle
> » D'un avare souvent tracé sur son modèle,

(1) *Si quis erat dignus describi, quod malus ac fur,*
Quod mœchus foret aut sicarius, aut alioqui
Famosus, multá cum libertate notabat.

HORACE. Satire IV, livre 1er.

» Et mille fois un fat finement exprimé
» Méconnaît le portrait sur lui même formé. (1) »

C'est là l'ouvrage et des années et des mœurs. La comédie, dans un temps de liberté excessive, ne pouvait pas atteindre d'un seul coup à ce haut degré de perfection et de politesse. Les premiers peintres qui tentèrent de reproduire la nature étaient forcés de mettre sous leurs grossières ébauches : » *Ceci est un arbre : ceci est un lion* » Pourquoi le poète comique n'aurait il pas écrit sur le masque de l'acteur qui représentait un général enrichi aux dépens de la république : « *Je suis Cléon* » ? Le trait est moins délicat : mais il n'en frappe que plus juste.

Des reproches plus sérieux ont été adressés à Aristophane : sa muse trop souvent se traîne dans la boue et nous dégoûte : il peint le vice dans sa nudité, il le grossit, il l'étale, il semble se complaire dans le cynisme le plus effronté : il va puiser ses couleurs dans l'exagération d'une vérité déjà sale et hideuse ! Mais aussi, quand il veut, quelle touche délicate ! quelle malice et quelle finesse ! Quoi de plus comique que cette fiction par laquelle il introduit sur la scène un chœur costumé en *Nuées* pour nous représenter les brouillards dans lesquels s'enveloppent les déclamateurs et les sophistes ! Rien n'est plus ingénieux que la comédie de Plutus, la plus pure de toutes. On y retrouve à chaque scène ce véritable sel attique, que les autres nations ont toujours envié à la ville de Minerve. Le style est pur et digne d'être étudié : car il nous initie aux locutions familières, aux habitudes d'intérieur, généralement peu connues, des Athéniens. Enfin, si Aristophane n'a point partout cette délicatesse de goût qui se remarque dans les

(2) Boileau. — Art poétique. Chant III. v. 355 et suiv.

fragmens que les grammairiens nous ont conservés de Ménandre, s'il se trouve chez lui beaucoup d'alliage, du moins son nom est, sans contredit, un des plus glorieux du siècle de Périclès, et ses œuvres, le plus curieux, peut-être, des monumens qui nous en restent.

La gloire de la tragédie n'est pas moins brillante. Eschyle, dont la vie se prolongea jusques au siècle de Périclès, et qui dans les luttes du génie auxquelles la Grèce conviait ses poètes, put être vaincu solennellement par le jeune Sophocle, est le premier nom dont la tragédie s'honore; on aperçoit dans ses informes productions, l'enfance de l'art dramatique, mais une enfance qui promet. Le plan est grossier, l'intrigue presque nulle; mais le langage est énergique et plein d'une poésie que je ne crains pas d'appeler sauvage, car ce caractère fait sa beauté. A Eschyle dont je ne dois point m'occuper particuliérement ici, succéda Sophocle, le plus pur, le plus parfait des tragiques, et aussi le plus harmonieux. La nature parle dans ses vers avec une vérité que l'on n'a point surpassée. La fatalité, ce grand ressort des tragédies antiques, n'est pas moins impitoyable dans ses pièces que dans celles d'Eschyle : mais au moins, elle est vaincue par la patience, par la vertu de ceux qu'elle poursuit. La fatalité, qui a fait Œdipe parricide et incestueux, ne nous épouvante pas autant que nous émeut Antigone, sa pauvre fille. Toujours Sophocle nous présente ces figures paisibles et douces, sur lesquelles l'âme, au sortir d'émotions fortes aime à se reposer. On ne trouve point chez lui de ces sentimens exagérés, de ces expressions gigantesques qui déparent Eschyle. Le premier, il a connu cette simplicité noble, qui plait et qui persuade, que chacun comprend et que chacun admire, et qui renferme les deux mérites principaux de l'art, le naturel et la vérité. Les héros parlent comme il convient à des héros, les simples mortels comme il convient à des hommes. La passion est chaste et brûlante : la jalousie de Déjanire, la résignation d'Antigone, la piété d'Œdipe, son amour de père sont rendus avec un charme qu'on sent et qu'on n'exprime pas ; la morale est pure, et la religion sublime ! Enfin, dans les chœurs, où le poète donne libre carrière à la poésie, où il parle lui-même par la bouche harmonieuse du vieillard ou de la jeune fille, quel amour de la patrie, quelles leçons de vertu ! Athènes, la ville sacrée de Neptune et de Minerve, l'Attique, heureux pays des arts et du doux langage, terre fertile où croît l'olivier, symbole de la paix, et d'où s'élancent au besoin les guerriers invincibles sur les coursiers fougueux, la Grèce, patrie des Dieux et des héros, a-t-elle jamais été mieux chantée que par Sophocle ? — Voilà pourquoi Sophocle, au jugement des Grecs, a été proclamé supérieur à Eschyle qui l'a précédé, à Euripide qui l'a suivi. C'est sur son modèle qu'ont été créées les règles de l'art ; c'est d'après lui qu'Aristote nous a enseigné comment il faut exposer un sujet, préparer, conduire, dénouer une intrigue, exprimer la passion, peindre les hommes et aussi les Dieux.

Si Sophocle est le poète de la tragédie, Euripide en est le philosophe. La tragédie philosophique nous vient d'Euripide, et, certes, ce n'est pas cette invention que j'admire le plus en lui. Moins habile que Sophocle à disposer son plan, moins vrai dans les sentimens qu'il peint, moins pur dans sa diction, il n'occupe que la seconde place ; mais souvent il s'élève et nous ravit. Il excelle dans les fureurs de l'amour, dans les élans de la passion : personne mieux que lui, pas même Sophocle si supérieur à tant d'égards, n'a possédé le secret d'émouvoir et de faire pleurer. Est-il rien de plus touchant et à la fois de plus terrible que la flamme incestueuse de Phèdre, que les supplications d'Hécube aux pieds d'Ulysse, que la douce résignation de Polyxène, cette autre Antigone, destinée à la mort et qui tombe pudiquement sous la hache du bourreau, en présence de l'armée des Grecs, sur le tombeau d'Achille ? Là, Euripide est sublime ! Il s'exprime avec tant de pathétique ! Il supplie avec tant d'émotion vraie et de larmes naturelles !

Mais souvent il fait abus de ces maximes philosophiques qui couraient les rues d'Athènes et pour lesquelles il sacrifie trop visiblement à l'engouement passager de la multitude. Ces sentences vulgaires alanguissent le discours et refroidissent les cœurs. En outre, il ne respecte pas toujours, comme Sophocle, la morale, la religion, les sentimens honnêtes, les opinions admises. Devant un peuple qui dans son extrême indépendance avait conservé un profond amour pour ses premiers rois et aux yeux de qui le malheur était presque un crime, il ne craint pas de représenter des reines adultères, des rois mendiants, des héros et des dieux méprisables; il se moque des règles du théâtre, il ridiculise les institutions d'Athènes, il se laisse aller à son naturel sceptique et railleur : il est ingénieux là où il devrait être simple, il cherche des effets avec les mots, et ses plus beaux passages sont parfois gâtés par une pointe d'esprit, par une sentence déclamatoire ou par des formes de plaidoyer. Contemporain de Sophocle, son nom vivra à côté de ce grand génie, mais son influence sur les mœurs, sur les progrès de l'art aura été moins belle. On admirera et on estimera Sophocle ; Euripide ne sera qu'admiré.

A côté de ces illustres figures littéraires dont je voudrais avoir réussi à esquisser les traits saillans, de ces profonds historiens du cœur de l'homme, se placent naturellement les historiens, non moins illustres, des faits qui ont immortalisé la Grèce. Trois hommes avec des mérites différens, mais avec un égal bonheur, ont entrepris l'histoire du peuple grec : tous trois il appartiennent à l'époque féconde de la domination de Périclès : ce sont Hérodote, Thucydide et Xénophon.

Le premier, racontant la lutte glorieuse des Grecs contre Xercès, semble, dans ses descriptions charmantes de naïveté et de grâce et souvent pleines de poésie, avoir pris à tâche d'imiter Homère. Il ne se renferme pas dans l'histoire de la Grèce; il va chercher dans les autres pays, chez les *barbares*, des mœurs à décrire, des fables à conter : et comme il dé-

crît! comme il conte! Il voyage, en quelque sorte, comme
Ulysse :

Qui mores hominum multorum vidit et urbes,

il s'arrête en Egypte, en Ethiopie, en Perse, il revient en
Grèce et il repart encore, nous entraînant avec lui. Aucune
tradition ne lui échappe : aucun mystère n'est secret pour
lui. On l'a accusé d'être trop crédule! Que nous importe?
sommes-nous forcés de le croire, comme de l'aimer et de l'admirer?

Thucydide avait entendu les applaudissemens d'Athènes à
la lecture d'Hérodote : lui-même applaudit : mieux encore, il
voulut, lui aussi, écrire l'histoire et « laisser un monument à
» la postérité ». Il retraça les évènemens de la guerre du
Péloponèse, sujet assez resserré, mais qu'il a traité de main
de maître. Il n'est point poète comme Hérodote : son ouvrage
n'est pas un chant à la gloire des Grecs, il dit les faits dans
leur ordre chronologique, et les apprécie avec justesse. S'il se
trouve quelque tableau à décrire, il est peintre aussi, mais à sa
manière; son pinceau s'arrête peu aux détails, il ne sur-
charge pas sa toile : il dessine à grands traits et néglige souvent la couleur : Thucidide est le modèle de l'historien et de
l'orateur politiques : son éloquence est austère et mâle : elle
ne se prête pas à des harangues d'apparat : elle traite les
affaires. Les discours de Thucydide sont des *actes* : il suffira,
pour louer ce grand écrivain, de rappeler que le premier des
orateurs politiques, Démosthènes, l'a copié huit fois.

Xénophon continua l'histoire de Thucydide, mais non son
genre d'écrire. Il brille moins par l'énergie et la force que par
l'élégante noblesse, la pureté et l'agrément de son style; aussi
l'a-t-on surnommé l'*Abeille Attique*. Comme Euripide dans la
tragédie, Xénophon a le défaut de vouloir introduire la phi-

losophie, qu'il avait étudiée avec Socrate, dans l'histoire des
barbares qui ignoraient complètement les lettres. La Cyropé-
die, souffre principalement de ce dogmatisme déplacé que l'on
rencontre moins dans l'histoire de la retraite des dix mille, cet
illustre fait d'armes où Xénophon se distingua comme capi-
taine avant d'être célèbre comme écrivain. Cette histoire où
il raconte ce qu'il a vu, ce qu'il a fait, est pleine de vérité
et d'intérêt : c'est l'œuvre qui le recommande surtout à l'estime de la postérité.

Admirons ce degré de perfection auquel sont parvenus les
premiers historiens d'Athènes, mais n'en soyons point surpris.
Jamais époque ne fut plus féconde pour l'histoire. Elle a plus
fait pour les historiens que les historiens n'ont fait et ne pouvaient faire pour elle. Dans les lettres, dans les armes, quelle
réunion elle nous offre de beaux génies et de grands
capitaines ! Eschyle, Sophocle, Euripide, Aristophane, Hérodote, Thucydide, Xénophon, Alcibiade, Aristote, Platon, et au
dessus d'eux Socrate ; enfin, au-dessus de tous, Périclès, le
grand politique, l'habile général, le protecteur éclairé de toutes les gloires.

Les arts sont en Grèce, inséparables des lettres. En même
temps que la poésie, l'éloquence et l'histoire célébraient à
l'envi la gloire d'Athènes, la peinture et la sculpture ornaient
les places publiques et les temples des dieux. Athènes était
peuplée, pour ainsi dire, de tous ses grands hommes dont elle
pouvait admirer les images, et comme habitée par les divini-
tés protectrices. Polygnote, Appollodore, Zeuxis et Parrhasius
produisaient déjà des chefs-d'œuvre qui ne devaient être sur-
passés que par Apelle ; et le sculpteur Phidias s'immortali-
sait par un art où personne ne l'a égalé.

Ainsi, se sont rencontrées, dans une seule ville et à une
même époque, les gloires les plus brillantes et les plus diver-
ses. Mais cet immense développement des lettres et des arts,

a-t-il fait autre chose que charmer le peuple dont il éternisait la politesse et le génie ? pouvait-il constituer ou sauver la Société antique ? — Non. Car cette Société était faible par la base, et, par cela, destinée à périr. La vérité n'était pas en elle. Les principes d'une religion pure et venue d'en haut ne la soutenaient pas. On y parlait bien de vertu ; mais les vertueux d'alors ouvraient école auprès des courtisanes. La philosophie, la politique, s'était établie dans les salons d'Apasie, où Périclès, Alcibiade et Socrate venaient chercher tour-à-tour des inspirations pour gouverner et pour instruire. La politesse d'Athènes n'était guère qu'une corruption raffinée et spirituelle, embellie au dehors et presque épurée par la culture des lettres, mais hideuse au fond. En un mot, le cœur était étouffé sous l'esprit, le fond sous la forme, l'âme sous la matière : et pourtant ! nous ne pouvons nous défendre d'admirer cette époque : elle est mémorable : elle a laissé une trace ineffaçable dans l'histoire de l'esprit humain.

SIÈCLE D'AUGUSTE.

Le beau siècle littéraire de Rome est sorti de la plus terrible confusion que le monde ait vu. Aux guerres civiles de Marius et de Sylla, aux proscriptions, avaient succédé la rivalité non moins sanglante de Pompée et de César, et des proscriptions nouvelles. L'Italie, l'Asie, l'Afrique n'était plus qu'un champ de bataille, une horrible mêlée, où

> Romains contre Romains, parents contre parents
> Combattaient sulement pour le choix des tyrans. (1)

La voix des poètes et des orateurs était couverte par le

(1) Corneille. — Cinna.

bruit des armes, et Cicéron, chassé du forum, s'était réfugié dans le sein de la philosophie et de l'amitié. Il composait des Traités sur la nature des Dieux auxquels il ne croyait plus, et écrivait des lettres à Atticus : Parfois encore, son éloquence se réveillait à la vue des misères de la république expirante, et il s'abandonnait, dans sa correspondance avec le dernier des Romains, avec Brutus, à l'indignation de son patriotisme. Quel homme aurait eu le courage d'élever la voix, lorsque Cicéron se taisait, ou bien, lorsqu'on le vit assassiné pour avoir parlé trop long-temps ? D'ailleurs on ne parlait plus, alors : on se battait, on s'égorgeait au nom de deux hommes et pour l'asservissement de la république; et la passion des guerres civiles semblait avoir fermé, dans les esprits aveugles, tout retour aux sentimens honnêtes, aux nobles goûts, aux arts et aux lettres.

Et cependant, perdons de vue quelque temps ce triste tableau, et reportons nos regards sur Rome, telle que l'ont laissée les guerres civiles, telle qu'Auguste l'a faite. Octave s'est emparé de la république, il en est le maître ; il a voulu lui conserver ses formes démocratiques, ses dehors et comme ses habits de liberté : mais véritablement il règne sous le nom d'Auguste. Le monde est en paix, et il ne semble pas qu'il ait été agité ; chaque peuple, chaque chose dans l'empire a repris sa place. Les sénateurs, les chevaliers, tous les hommes considérables des deux partis sont venus à Rome ou dans leurs somptueuses villas, si long-temps désertes. Les lettres sont brillantes et honorées. A qui ces vastes jardins de Tibur, et cette villa délicieuse où la simplicité relève la richesse ? Ce sont les jardins et la maison d'Horace, le favori de Mécène, l'ami d'Auguste. — Quel est ce Romain qui se promène pensif dans les forêts solitaires de Pédum, qui s'arrête parfois sous les frais ombrages, qui écrit quelques lignes et demeure plongé dans une douce mélancolie? C'est Tibulle, aussi poète, l'ami d'Horace et de Mécène, Tibulle qui écrit sous la dictée d'Amour des vers que Rome entière connaîtra et que répètera la postérité? Enfin dans le palais impérial, en présence même d'Auguste et de l'impératrice Octavie qui ne peut retenir ses larmes, il me semble voir Virgile déplorant, dans des vers pleins de douleur, la mort du jeune Marcellus et recevant des mains d'Octavie la récompense des pleurs qu'il lui fait verser.

Ainsi, à la place de la guerre civile, nous voyons la paix florissante; au lieu de deux rivaux, un seul maître, protecteur éclairé des lettres, ami des poètes, les recevant dans son palais, les écoutant, leur procurant toutes les jouissances de la vie, préparant à Rome un siècle que l'Italie pourra un jour opposer à la Grèce et à Périclès, et pourtant, Auguste ne peut pas être comparé à Périclès; ils ont chacun leur mérite, et avec un génie différent, ils ont acquis pour eux, pour leur patrie, pour leur siècle, la même gloire.

Maître d'Athènes par l'éloquence et le génie, Périclès voyait dans les lettres qu'il cultivait et dont il sentait en lui les sublimes instincts, une source intarissable de gloire pour son pays, une noble occupation dans la paix, un titre de supériorité sur les autres peuples de la Grèce, qui pouvaient prétendre, aussi bien qu'Athènes, à la gloire des armes. Octave, après s'être emparé du pouvoir à force d'adresse, cherchait à légitimer son usurpation, en s'attachant par des bienfaits, par une protection intelligente, par une familiarité habile comme tous ses actes, ce que Rome renfermait d'esprits élevés et de nobles cœurs, en les faisant, en quelque sorte, ses complices, je dirai plus, ses protecteurs obligés, en abritant derrière l'innocente illustration des lettres, derrière des noms applaudis, son autorité ombrageuse et le nom d'Auguste. Périclès aimait les lettres, parce qu'il en comprenait les beautés, parce qu'il était Athénien: Octave les protégeait, parce qu'il en attendait des services ; pour le premier, les lettres étaient le but : pour l'autre, elles n'étaient qu'un moyen. Auguste n'avait qu'une profonde habileté, Périclès avait du génie.

Toutefois, si, comme nous devons le penser, il faut attribuer à ces deux hommes une large part d'influence sur le mouvement littéraire de leur siècle, l'habileté d'Octave n'a pas produit des chefs d'œuvre moins étonnans que le génie de Périclès. Peu d'ouvrages, peu de noms même ont survécu; mais du moins ces ouvrages et ces noms sont assurés d'être immortels. Virgile et Horace, Ovide, Tibulle et Properce, Tite-Live, et, si nous voulons remonter à l'origine de cet *âge d'or*, Lucrèce et Cicéron, sont dignes de lutter avec ce que la Grèce nous présente de poètes admirables, d'historiens éminens et d'orateurs distingués.

J'ai parlé de Lucrèce et de Cicéron; c'est qu'en effet par leur génie, ils appartiennent au siècle d'Auguste : ils en ont l'esprit délicat et le style pur. Lucrèce, au sein de la guerre civile, se livre paisiblement à ses inspirations poétiques, semblable à l'un de ces dieux d'Epicure qui, dans cette sphère supérieure où ils posent éternellement, ne daignent point s'occuper des bruits de la terre ni des révolutions de la nature. Non, ce n'est pas la république qui a inspiré Lucrèce. Dans l'exposition magnifique d'une absurde philosophie, il demeure complétement étranger aux passions de son temps; s'il s'indigne, ce n'est pas contre les ambitieux qui versent à grands flots le sang de ses concitoyens, c'est contre les chefs des Grecs qui ont immolé honteusement la fille d'Agamemnon, c'est contre la superstition, mère de tous les crimes. Il se complaît dans les descriptions harmonieuses : il aime les sombres forêts; ils s'enfonce dans leur épais feuillage en compagnie des Sylvains et des Faunes, au milieu desquels il semble qu'il ait écrit, en sorte que si l'histoire ne nous apprenait pas le temps où il a vécu, le caractère de son admirable poème le placerait à côté des beaux génies du siècle d'Auguste.

Quant à Cicéron, on peut distinguer deux époques dans ses ouvrages et dans son génie. A l'une, il est encore républicain il domine au forum, au sénat ; il croit à l'éternité de Rome, à la protection des dieux immortels, à la grandeur de la république. Consul, il sauve l'état des fureurs de Catilina et de ses complices ; avocat, il flétrit énergiquement les honteuses rapines d'un Verrès, qui déjà semble façonner les provinces à l'insupportable tyrannie des successeurs d'Auguste : consulaire et sénateur, il propose décrets sur décrets, pour le salut de la liberté, pour la gloire du nom romain : il compose d'admirables discours en faveur de Pompée qu'il croit seul capable de sauver la république, et contre Antoine dont il déteste l'ambition hardie. Alors, il appartient entièrement à l'ère républicaine : il en a l'énergie et la fierté ; alors, il est véritablement et uniquement orateur. — Mais, bientôt, ses illusions s'évanouissent : il assiste, en protestant vainement, au dernier soupir de cette liberté qui lui a inspiré tant de belles paroles ; à cette seconde époque de sa carrière, Cicéron se fait écrivain : il trace l'histoire de l'éloquence latine ; il en dicte les préceptes : il relit Platon, il s'abandonne à la philosophie grecque dont il traduit les idées et les termes dans le langage de Rome. Son génie s'exerce en silence : il s'épanche dans le sein de quelques amis ; il transporte dans l'examen des vérités éternelles, dans des traités de morale la liberté chassée du forum. Par ses derniers écrits, Cicéron peut être, sans anachronisme, rattaché au siècle d'Auguste : avec Lucrèce il commence cette époque à jamais célèbre dans les lettres, et, qui va être dignement continuée : il ouvre l'âge d'or de la littérature latine.

Cette littérature avait été lente à se former : la guerre avait absorbé chez les Romains tout ce qu'il y avait en eux d'activité et de force : pour que Rome daignât s'occuper des lettres il fallait qu'il n'y eût plus de peuples à dompter ; pour qu'elle se laissât vaincre par les arts et la politesse de la

Grèce, il fallait qu'elle eût vaincu et la Grèce et le monde.

(1) Græcia capta ferum victorem cepit....

et alors encore, l'éducation du sauvage Latium fut difficile : la
pensée grecque perdit d'abord sa grâce et sa beauté sous la
rude enveloppe d'un langage à peine sorti de la barbarie, et
elle subit bien des transformations, avant d'arriver à Térence,
le plus pur peut-être des écrivains, et, par Térence, à Cicéron,
le plus brillant des orateurs. Le siècle d'Auguste ne chercha
point à secouer le joug de la pensée grecque. Virgile, Horace,
et après eux Phèdre, l'ingénieux fabuliste, sont pleins des
souvenirs de la muse Athénienne ; mais ce qui constitue leur
originalité, et en même temps la grandeur du siècle où ils ont
vécu, c'est l'indépendance, la pureté, la noblesse de la forme
latine ; c'est la perfection de cette langue émancipée qui, sous
des plumes habiles, s'élève à la hauteur des plus beaux langa-
ges, et qui, fille elle même d'un idiôme étranger, doit plus
tard donner naissance à la plupart des idiômes modernes.

Virgile est sans contredit, l'un des plus purs représentants
de cette forme irréprochable jetée sur un fonds grec. Dans
ses Eglogues et ses Géorgiques, il imite, il traduit même
souvent Hésiode et Théocrite : dans son Enéide, il suit
Homère.

Les Eglogues, son premier ouvrage, nous présentent la
peinture la plus gracieuse et la plus vraie de la vie des champs.
L'art ne paraît pas ; on n'aperçoit que la nature ! on sent que
le poète peint ce qu'il a vu, qu'il a vécu au milieu de ces bergers dont il nou sraconte les tendres amours et les combat
harmonieux. Soit qu'il chante les plaines fertiles de sa malheureuse patrie et les adieux de l'exil, soit qu'il exprime avec

(1) Horace. Epitre 1er livre 11, v. 156.

une exquise délicatesse, la reconnaissance et l'amour, soit, enfin, qu'il développe en vers pompeux les préceptes de l'antique sagesse, les fables aimables de la mythologie l'origine du monde, et qu'il nous apprenne comment la muse de Sicile :

(1) Rend dignes d'un consul la campagne et les bois,

toujours nous retrouvons en lui ce *molle et facetum*, dont parle Horace, ses grâces naïves, ces sentimens naturels qui appartiennent à l'Eglogue et qui en font la vraie poésie. Il n'a pas surpassé Théocrite : mais on peut dire qu'il ne lui est pas inférieur ; que peut-on dire de plus ?

Ces premiers essais, ces chefs-d'œuvre si parfaits, si complets dans leurs limites restreintes, ne furent pour lui que le prélude d'une composition plus étendue, et d'un chef-d'œuvre plus achevé encore, des Géorgiques. Là, le poète procède avec ordre : il donne aux bergers et aux laboureurs des leçons dont la poésie n'exclut pas la justesse. C'est chose admirable que la description détaillée et presque minutieuse des phénomènes de la nature, des signes qui les annoncent ou les accompagnent, des soins que le laboureur doit avoir de son champ, le berger, de son troupeau : et comme cette description d'objets simples et vulgaires est relevée par une poésie riche, savante et toujours facile ! Qui ne connait ces brillans épisodes qui terminent chacune des Géorgiques ? Après avoir traité comme la partie technique de son plan, Virgile s'abandonne entièrement à l'inspiration de la poésie, inspiration qu'il subordonne à la nature du sujet qu'il vient de traiter. Tantôt, il déplore en vers magnifiques la mort de César que le soleil a prédite, et il adresse une prière sublime aux dieux de la patrie ; tantôt il chante les douceurs de la vie champê-

(1) Boileau. Art poétique. Chant 11. v. 36.

tre, et le culte sacré de la poésie, fille des bergers et des
Nymphes : plus loin il peint les animaux malades, le cheval
qui s'abat et le taureau qui tombe dans le sillon. Enfin, il
termine son poème par cette délicieuse fable d'Eurydice, deux
fois ravie à son immortel époux : là, il est noble comme un
Romain, ici tendre et naïf comme l'habitant des campagnes :
partout, il est poète. Virgile n'a rien composé de plus parfait que les Géorgiques, et pourtant il a écrit l'Enéide.

L'Enéide est imitée d'Homère : le caractère de ses héros, ses
principales descriptions, Virgile les a empruntés au chantre
de l'Illiade et de l'Odyssée; mais c'est une imitation de génie.
De même qu'Homère avait choisi pour sujet de son poème le
récit du plus brillant fait d'armes dont la Grèce pût alors
s'honorer, ainsi, Virgile se reportant aux anciennes traditions, célèbre les origines de sa patrie et l'enfantement labo-
rieux, mais plein de gloire, de la puissance romaine. Du reste,
il faut le dire, l'Énéide n'est pas seulement un chant à la
gloire de Rome ; c'est aussi une ingénieuse flatterie adressée
par Virgile à Auguste son bienfaiteur, dont il fait remonter
les aïeux jusqu'à Enée. Quoiqu'il en soit, le poème de Virgile
est, après ceux d'Homère, le plus beau poème épique qui ait
été écrit. Si, sans nous arrêter davantage sur le choix heureux du sujet, nous entrons plus avant dans les détails, nous
ne pouvons nous lasser d'admirer quel art Virgile a déployé
dans ses nombreuses descriptions ou dans la peinture de ses
caractères. Il sait nous représenter la nature sous ses plus
doux aspects. Les fureurs d'Eole et les mugissemenst de la
mer ne sont pas plus terribles que les vers énergiques où
Virgile nous les dépeint; les retraites idéales des Champs-
Elisées ne peuvent être plus délicieuses que la poésie qui les
chante. C'est toujours le même talent de description dont
Virgile a fait preuve dans les Eglogues et les Géorgiques, et,
ici, le talent est d'autant plus varié que la scène où il se dé-
ploie nous offre des tableaux plus riches et plus féconds. Ce

n'est pas seulement la campagne et les mœurs innocentes de ceux qui l'habitent, c'est aussi la guerre et ses fléaux, l'amour et ses fureurs, que le poète nous dépeint; ce n'est plus Ménalque, Tityre ou Aristée, ce n'est plus la paisible Mantoue ou la malheureuse Crémone, c'est Didon, ce sont les murailles de Troie, ou les plaines du Latium dévastées par la guerre et conquises au prix du sang. En outre, quelle grandeur et quelle vérité dans le caractère des héros ! Le pieux Enée, le vénérable Anchise, le valeureux Turnus, Mézence contempteur des dieux, le jeune et infortuné Pallas, Nisus et Euryale, noms inséparables, et enfin et surtout Didon, qui fit verser tant de larmes à St-Augustin lui-même, toutes ces figures sont représentées avec les traits tour-à-tour les plus vigoureux et les plus tendres. Qu'on blâme quelques imperfections qui ne paraissent qu'à côté de la perfection ordinaire de l'ouvrage, comme l'ombre auprès de la lumière ; que l'on critique certain défaut d'unité, qui dans les six derniers chants, trop peu appréciés d'ailleurs, fait naître en faveur de Turnus un intérêt qui devrait n'appartenir qu'à Enée, le véritable héros du poème, je le veux bien ; mais aussi, que l'on considère que l'Enéide n'a pas été achevée, que Virgile n'a pas mis la dernière main à son œuvre, que dans la conscience de ces imperfections et d'autres peut-être que lui seul était capable d'apercevoir, il voulait la détruire et allumer comme dit le poète un second incendie plus fatal que celui de Pergame, et on lui tiendra compte non seulement de ce qu'il a fait, mais de ce qu'il aurait pu faire, si la mort ne l'eût ravi si tôt.

Virgile et Horace furent unis par le génie comme par le cœur; on ne peut parler de l'un sans penser à l'autre, et la postérité les a confondus dans une égale admiration. Tous deux, ils avaient mêmes goûts, mêmes amis. Comme Virgile, Horace aimait la paix des champs et l'agréable médiocrité, et une vie calme. Comme lui, il était aimé de Mécène et d'Auguste dont sa reconnaissance a immortalisé les bienfaits. Par une

heureuse rencontre, dans tous les temps où la littérature est brillante, il se trouve parmi les personnages puissants dans l'État, de ces hommes qui, possédant le goût des lettres sans en avoir le génie, semblent n'employer leur crédit que pour protéger ceux qui les cultivent avec honneur ; ce noble patronage a fait la gloire de Mécène. Avec quel respect Horace nous parle de son protecteur qui voulait n'être que son ami ! le nom de Mécène ne devait pas être ici oublié, Mécène est digne de figurer auprès de Virgile et d'Horace qu'il a encouragés, inspirés peut-être.

Horace a composé des satires, des épitres, des odes. Dans chacun de ces genres, il est original et supérieur. Virgile avait sans cesse devant lui Théocrite, Hésiode ou Homère : Horace n'a pour modèle que la société Romaine qui pose devant lui et dont il nous retrace avec l'esprit et l'enjouement du satirique et de l'homme du monde, avec la profondeur du philosophe, les vices effrayans et jusqu'aux moindres ridicules. L'histoire de la société Romaine, au temps d'Auguste, n'est nulle part plus fidèlement représentée que dans les épitres et les satires d'Horace.

Dans les premières, Horace s'abandonne sans retenue, souvent même avec cynisme, à sa verve moqueuse, à son bon sens plein de malice. Malheur à ces fils de famille, insolents et débauchés, dont le nom peut entrer dans son terrible héxamètre. Il n'épargne personne, il nomme chaque chose par son nom, et je m'imagine que Boileau venait de lire sa seconde satire ou quelque autre, lorsqu'il a dit :

« Le latin dans les mots brave l'honnêteté ».

Horace ne recule pas devant les peintures les plus hideuses : il nous introduit partout, jusque dans les lieux de la plus infâme débauche dont il ne nous épargne pas le tableau.

Malheur aussi aux mauvais poètes qui s'en vont étalant

leurs vers sous les portiques, ou les lisant harmonieusement
dans le Forum, au milieu d'admirateurs gagés; il les déteste
et il en a le droit. Et partout quelle dépense d'esprit, de bons
mots, de bons sens! Qu'on ne croie pas qu'il raille par caprice
ou qu'il soit cynique à plaisir. Non, son but est éminemment
moral. En peignant à nu les vices de son siècle, il veut guérir
le mal; en ouvrant la plaie, en montrant ce qu'elle cache au
fond de repoussant et de hideux, il veut la fermer : comme
son père qui, pour le prémunir contre la débauche, lui mon-
trait du doigt quelque libertin fameux, Horace signale à la
société romaine les pestiférés et les lépreux qui la déshonorent
et l'infectent.

Dans ses épîtres, il nous parle de lui-même, de son éducation, de ses voyages, de ses amis, de sa vie de tous les jours :
il nous dit ce qu'il y a de bon en lui; il n'oublie pas ses fai-
blessses : il est du petit nombre de ces auteurs dont le caractère se réfléchit fidèlement dans leurs écrits et qu'on connaît
quand on les a lus. Chez lui, les détails les plus vulgaires de
la vie commune sont racontés avec un charme inexprimable
et un rare bonheur d'expression. Ses épîtres ne sont pas autre
chose que des épîtres, c'est-à-dire des lettres familières, dont
la poésie facile, quelquefois même, si je puis dire, paresseuse,
double l'agrément et la grâce. Tantôt, c'est une invitation à un
repas modeste, mais agréable par le choix des convives : tantôt, c'est une courte lettre à un ami, comme lui, poète, où il
lui demande ce qu'il fait, ce qu'il écrit à la campagne; d'autres
fois, c'est la narration d'une plaisante mésaventure ou d'une
fâcheuse rencontre, ou bien encore ce sont de hautes considérations sur les travers des hommes, leurs inconséquences et
leurs faiblesses; des réflexions familières, mais profondes sur
la philosophie et les philosophes qu'il n'épargne pas; des préceptes tirés d'une morale trop indulgente peut-être, mais du
moins comprise par tous. Souvent enfin, il trace, comme en
se jouant, les règles de l'art d'écrire, il énumère les genres, il

en raconte l'histoire, il juge les auteurs qui les ont inventés ou perfectionnés ; il ne voulait faire qu'une épitre, une lettre, et voilà qu'il a fait un traité. Les épitres d'Horace, en nous initiant aux pensées intimes du poète, en nous introduisant dans sa vie privée, forment sans contredit, la plus intéressante, sinon la plus belle partie de ses œuvres.

J'arrive aux odes : ici, le génie d'Horace change de forme, ce n'est plus le satirique mordant, le causeur spirituel ; c'est le poète inspiré. Il s'élève au ton de Pindare et ne descend plus ; partout le rhythme est sévère, le style irréprochable et l'expression magnifique. Ces chefs-d'œuvre de courte haleine ne sont pas de ceux qui se comprennent par une froide ana- lyse ; il faut les lire, il faut les sentir et les admirer. Depuis Homère et Pindare, aucune poésie n'avait retenti plus majes- tueuse et plus belle ; jamais les hauts faits des héros, les ver- tus romaines n'avaient été plus noblement chantés ni les dieux invoqués plus dignement. Et puis, à côté de cette poésie si grande apparaît le rhythme harmonieux d'Anacréon et de Sa- pho, la poésie de l'amour, des émotions douces, la poésie des campagnes, aussi riche, aussi variée. Horace a fait vibrer tou- tes les cordes de la lyre grecque : il a plié son génie flexible à tous les tons, à toutes les formes : cette variété seule le place- rait à la tête des grands écrivains qui ont illustré le siècle d'Auguste.

On a souvent établi entre Virgile et Horace un parallèle qui ne me semble pas admissible. Comment comparer Virgile qui a composé des églogues, un poème didactique et un poème épi- que, à Horace qui a écrit des épitres, des satires et des odes. Tous deux sont poètes à un degré éminent ; mais il y a entre eux la différence qui sépare les genres dans lesquels chacun s'est immortalisé. Virgile, dans tout ce qu'il a écrit, a été poète admirable, mais il ne pouvait être que poète. Horace, poète dans ses odes et quelquefois aussi dans ses épitres et ses satires, a déployé dans ces deux derniers genres de compo-

sition, un esprit et un bon sens qui, eux aussi, tiennent du
génie. Après Homère, on ne pouvait mieux faire que Virgile;
on n'a jamais surpassé Horace : c'est le seul point par lequel
ils se touchent, l'égale perfection de leurs œuvres, l'égale admiration des siècles.

Virgile et Horace dominent tellement leur époque, qu'il
faut long-temps descendre pour arriver à Ovide. Dans les
temps de haute littérature, au dessous de ces génies de premier ordre qui, ne s'écartant jamais des règles prescrites, éten-
dent sous l'empire de ces mêmes règles, le domaine de la
poésie et de l'art, se placent les esprits abondans et faciles,
pour qui l'art devient presque un métier et qui secouent avec
humeur les entraves d'une règle importune. Ovide, dans le
siècle d'Auguste, doit être mis au nombre de ces derniers
écrivains. Ce poète aurait peut-être eu du génie, s'il avait eu
moins d'esprit ; chez lui, l'esprit et la facilité gâtent souvent
les inspirations les plus vraies et détruisent l'effet des plus
beaux passages. Mais il faut le dire, il a composé un ouvrage
que lui seul était capable de mener à fin et il a réussi là où
de plus grands poètes auraient échoué. Il fallait tout son esprit et son étonnante facilité pour écrire les Métamorphoses,
pour nous faire passer devant les yeux, sous des couleurs toujours nouvelles et variées, le tableau des fables puisées dans
l'antique mythologie ou seulement dans l'imagination hardie
du poète, pour nous présenter tour-à-tour ces images gracieuses
ou nobles, tristes ou gaies, sans que l'esprit s'arrête, sans que
l'intérêt s'épuise, sans que le vers succombe sous les efforts
d'une fécondité prodigieuse, pour nous conduire enfin, à travers mille accidents ingénieux, mille agréables peintures,
depuis l'informe Chaos jusqu'à l'apothéose d'Auguste. On ne
se lasse point de le lire, mais souvent on regrette qu'il ait
tant d'esprit, qu'il le dépense si follement. Les Métamorphoses
ne sont pas le seul ouvrage qui le recommande à notre souvenir. Il faut citer encore ses *Fastes*, où il célèbre les heureux

temps de la république, les fêtes patriotiques ou religieuses, les cérémonies sacrées; et les *Tristes,* où, loin de sa patrie, victime, selon les uns d'un amour funeste; selon les autres, d'une infâme calomnie, il exprime douloureusement les regrets de la patrie absente et nous émeut par le tableau de ses malheurs. Enfin, il a excellé dans la peinture de l'amour, mais non pas à la manière de Virgile; il ne descend pas au fond du cœur, il ne suit point la passion dans ses retraites cachées et mystérieuses, il ne l'en fait pas sortir violemment par un trait de génie : il en exprime, en quelque sorte, la partie extérieure, les formes matérielles : quant à la partie que j'appellerai morale, il ne s'arrête qu'aux sentimens les plus simples pour s'abandonner entièrement à la peinture, quelquefois trop libre, mais toujours spirituelle, de ces délices qui ont fait le bonheur et le malheur de sa vie.

Tibulle, Properce et *Gallus* se partagent, dans ce siècle, la gloire de l'Elégie : Catulle les avait précédés dans ce genre où le mérite du style surmonte rarement la monotonie du sujet; mais si son vers est plus naïf et peut-être plus vrai, il est moins châtié et moins pur. Tibulle et Properce sont placés au même rang. Tous deux nous racontent, dans une poésie charmante, l'histoire frivole de leurs amours et l'inconstance de leurs maîtresses, dont ils ont immortalisé les noms et la beauté. Ils n'ont pas l'esprit d'Ovide, ils ne décrivent pas avec autant de grâce l'objet de leur passion ; mais, plus qu'Ovide, ils descendent dans le cœur, ils peignent le sentiment. Il ne nous reste de Gallus qu'un petit nombre de fragmens qui lui assignent une place honorable à la suite de Tibulle et de Properce dont il n'égala point la facilité et la douceur.

La poésie sublime, la poésie familière et la poésie de l'amour ont donc eu, au siècle d'Auguste, de dignes représentans dans Virgile, Horace, Ovide et les poètes élégiaques que je viens de citer. Mais la poésie dramatique, si brillante chez les Grecs au temps de Périclès, manque complétement à Rome, au temps de sa plus belle littérature. Ovide avait composé, il est vrai, sur le sujet de Médée une tragédie que ses contemporains opposaient aux plus célèbres tragédies grecques. Mais cet essai unique qui n'est point parvenu jusqu'à nous, ne peut, aux yeux de la critique constater à lui seul l'existence d'un genre dont Rome ne nous offre pas d'autre monument. D'ailleurs, il suffit de considérer la société Romaine, telle qu'elle était constituée alors, pour juger que la tragédie de Sophocle et d'Euripide n'y pouvait pas trouver place. Le peuple de Rome n'était pas organisé comme celui d'Athènes ; il n'avait pas l'intelligence de l'art, le goût de ce qui est beau ; il ne sentait pas ; il n'aurait pas versé une larme à la vue d'Hécube aux pieds d'Ulysse, ou de Priam aux genoux d'Achille. Habitué qu'il était aux combats des gladiateurs, à la vue du sang, aux Pantomimes, il n'était point capable de s'émouvoir à la peinture d'une passion vraie, mais exprimée par des mots. Il avait supporté Plaute à cause de ses grossières bouffonneries, et il n'avait pu comprendre l'art fin et délicat de Térence. On conçoit donc que la tragédie, à qui il faut des spectateurs émus, qui s'adresse à l'âme plutôt qu'aux yeux, dont les passions brûlantes, dont les sentimens intimes doivent à chaque instant trouver un écho dans le cœur de ceux qui l'écoutent, on conçoit, dis-je, que la tragédie était impossible là, où le peuple n'avait que des yeux pour voir, mais n'avait pas d'âme pour sentir, où les jeux du cirque étaient suivis avec enthousiasme, où, au milieu d'une situation pathétique, les spectateurs se seraient levés en tumulte pour demander un combat de lions ou de gladiateurs. Les lettres ne pouvaient donc être cultivées à Rome que par un petit nombre et pour un petit nombre seulement d'hommes de sens et de goût. Pour les esprits, comme Virgile, comme Horace, ce petit nombre suffisait : mais ceux qui cultivent l'art dramatique, l'art dramatique lui-même demande davantage.

Du reste, la gloire du Théâtre ne fut pas la seule qui manqu'au siècle d'Auguste. L'éloquence avait péri avec la liberté et Cicéron fut le dernier orateur. Le barreau même avait perdu cet éclat que lui donnaient, sous la république, et la solennité des jugements et la liberté des suffrages. La science s'éait renfermée dans le silence du cabinet et il n'y avait plus que des jurisconsultes. Toutefois, sous ce dernier point de vue, il est juste de signaler les progrès que la science du droit fit à cette époque. Déjà, les deux écoles s'étaient produites ; l'une, remontant aux sources primitives, à la traditon, était dirigée par Ateius Capiton, jurisconsulte ami d'Auguste ; l'autre, au contraire, cherchant des voies nouvelles, poursuivant le progrès dans une science qui semble fixe et basée sur des principes invariables, comptait dans ses rangs Antistius Labéon, rival d'Ateius. Les discussions soulevées entre ces deux écoles ne furent pas stériles ; dans les ouvrages auxquels elles ont donné naissance, l'érudition moderne a puisé de précieux documens sur les origines de la législation romaine.

Si le théâtre et la tribune, au temps d'Auguste, n'ont rien produit qui soit comparable aux chefs-d'œuvre de l'éloquence et de la tragédie grecques, il n'en est pas de même pour l'histoire. Jusqu'à Salluste, l'histoire de Rome n'avait été écrite que par les poètes. Nœvius et Ennius avaient chanté admirablement parfois, la gloire de Rome dans les guerres puniques mais à côté de ces grands évènemens, la fable occupait une trop large place, et les fictions, inséparables de la poésie naissante, étouffaient pour ainsi dire sous le merveilleux du récit la vérité historique des faits. Après les *Poètes* vinrent les *Annalistes*, rapportant année par année, jour par jour, d'après les annales du Grand-Pontife, les plus importants comme les plus simples faits de l'histoire, écrivant une compilaiont sèche et froide, qui avait touefois le mérite, devénu rare, d'être exacte et complète. Dans ce nombre, il faut ranger O. Fabius Pictor, L. Cincius Alimentus, moins connu, et même Caton le Censeur dont les *Origines*, estimées au siècle d'Auguste, ont été fort utiles encore aux écrivains postérieurs. Enfin, après les poètes et les annalistes, paraissent les *historiens.*

Salluste est le premier qui ait peint l'histoire, qui ait fait, sans nuire à la vérité, la critique approfondie des époques et le portrait éloquent des hommes. Cornélius Nepos, imita la pureté de Salluste, mais il n'atteignit pas, dans ses courtes biographies, à la vigoureuse précision de l'historien de Catilina et de Jugurtha. César écrivit ses admirables Commentaires, où nous retrouvons la vive empreinte de son génie, plein de facilité et de nerf. Pomponius Atticus, ami de Cicéron, qui l'appelait son aristarque, et dont la vie se prolongea fort avant dans le siècle d'Auguste, renferma en un seul volume les annales de 700 ans. Atticus est plutôt, d'ailleurs, un généalogiste, un annaliste à la manière de Caton le Censeur, plus élégant toutefois et moins sec, qu'un historien de la famille de ceux dont je viens de parler. Enfin, parut le plus célèbre de tous, Tite-Live qui fut surnommé par Quintilien l'Hérodote de l'histoire romaine, comme Salluste en avait été le Thucydide. En effet, comme Hérodote, Tite-Live aime à raconter, il raconte même un peu trop et ne se défie pas assez du merveilleux de la tradition antique. Mais aucun historien n'a apporté dans ses écrits plus de probité, plus de sincérité : aucun n'est plus attachant dans ses descriptions, plus éloquent dans ses discours. C'est que Tite-Live, par son génie et son caractère, appartient à la république. Il aime la liberté et il en parle le langage plus chaudement encore que les tribuns de l'ancienne Rome. Quoique sous Auguste, il ne craint pas de professer hautement ses opinions républicaines, et l'epithète de *Pompéien* que l'empereur lui appliqua, sans doute dans un moment de dépit, témoigne de la fermeté et de la noblesse de son âme.

Auguste n'aimait pas et ne pouvait aimer Tite-Live, mais il l'estimait : environné comme il l'était, d'admirables flatteurs, merveilleusement secondé dans la protection qu'il accordait aux lettres par ses ministres Agrippa et Mécène, il voyait avec peine un homme de génie rebelle à ses bienfaits, ramener dans une histoire éloquente, les souvenirs des Romains vers ces grands jours de la république dont la mémoire seule devait être à ses yeux une mordante satire. Tite-Live, du reste, n'était pas le seul qui regrettât l'ancien ordre de choses. Le poète élégiaque Gallus avait conspiré : Bibaculus, le satirique, s'était élevé avec énergie, dans ses vers pleins de fiel, contre la tyrannie de César et d'Auguste, et Cassius Severus fut frappé le premier par la loi de lèse-majesté. Cette opposition au gouvernement de l'empereur, opposition peu nombreuse, il est vrai, mais puissante par le mérite, contraste singulièrement avec les louanges excessives de Virgile, d'Horace et d'Ovide ; et la conduite peu généreuse d'Auguste à son égard doit nous rendre plus sévères envers un prince qui protégeait les lettres plutôt par égoïsme et dans l'intérêt de son pouvoir qu'en vue de l'art, du bien et du beau.

Toutefois, ne soyons point injustes; si nous ne pouvons égaler Auguste à Périclès, du moins, ne nions pas l'influence que ce patronage, intéressé ou non, exerça sur le sort de la littérature. Auguste fonda à Rome les bibliothèques Octavienne et Palatine; il assistait souvent aux récitations des poètes, il suivait avidement les progrès de la littérature ; il avait même quelque goût pour l'étude plus sérieuse de la philosophie qu'il protégeait en la personne d'Aréus et de Xénarque, ses familiers. Ce fut également d'après ses conseils et presque sous sa direction que Vitruve composa son célèbre traité sur l'architecture. Mais il ne réussit pas à naturaliser chez les Romains, ce goût des arts, ce génie de la peinture et de la sculpture qui a immortalisé la Grèce. Les Romains n'étaient pas organisés pour l'art : leur destinée, dit Virgile était de vaincre par les armes.

Parcere subjectis et debellare superbos.

La guerre avait bien pu apporter à Rome et dans les villas patriciennes les chefs-d'œuvre que l'on admirait à Syracuse, dans la Grèce et en Asie ; mais elle ne parvint jamais à y introduire, comme elle le fit pour les lettres, ce goût intelligent qui imite pour créer ; et Rome , dans les lettres demeura toujours tributaire des peuples que son courage avait vaincus.

Ainsi, le siècle d'Auguste, si brillant par les lettres ne produisit aucun artiste ; mais les lettres suffisent à sa gloire. Le caractère de cette époque si féconde se perpétuera quelque temps encore ; il inspirera le petit nombre d'écrivains supérieurs qui ont illustré les derniers jours de Rome. Son génie revivra dans les fables de Phèdre qui mourut sous Néron, mais dont la carrière littéraire avait commencé sous Auguste ; parfois aussi, mais au milieu d'une corruption toujours croissante dans le goût et dans les mœurs, il reparaîtra dans les déclamations de Sénèque, dans les poèmes de Lucain et de Stace, dans les satires de Juvénal et de Perse, et surtout dans les écrits de l'immortel Tacite : plus tard encore , Boèce, que l'on peut appeler le dernier écrivain de Rome, rappellera, dans sa *Consolation*, la forme pure du grand siècle, forme sublime, mais à laquelle il manquait, comme à la Grèce de Périclès, un fond solide et vraiment moral. Ce fond, sans lequel aucune littérature ne peut arriver à la perfection, les religions antiques ne pouvaient le donner ni à la Grèce ni à Rome : il résidait ailleurs ; c'est le christianisme qui va l'apporter au monde.

Tandis que Rome admire les fables séduisantes de la mythologie de Virgile, tandisqu'elle applaudit à l'épicuréisme d'Horace et se plait aux trop aimables peintures d'Ovide et de Tibulle, tandisqu'elle applaudit peu-à-peu, sous un despote habile, à la tyrannie impériale, au fond de la Judée, dans une étable, naît de parents pauvres un faible enfant qu'on appelle le Christ. Cet enfant, en qui bientôt le monde reconnaîtra son Dieu, doit opérer cette immense révolution dans les âmes, cette cure merveilleuse du cœur humain. Il lui annoncera d'en haut un Dieu véritable, et, par suite, une religion, une morale, la lumière, la liberté. Il lui donnera ce fond qui a manqué à la Grèce et à Rome. Sur les ruines de l'idolâtrie, il établira le règne de la vérité et de la justice, du bien et du beau. Il introduira dans les institutions de l'homme, c'est-à-dire dans les lois, dans les mœurs, dans les lettres, dans les arts, quelque chose de ce principe immortel et parfait qu'il porte en lui. C'est là le plus grand chef-d'œuvre accompli sous Auguste : mais ce n'est pas à Auguste qu'en revient la gloire.

SIÈCLE DE LOUIS XIV.

Je viens d'examiner les deux siècles qui font tant d'honneur aux lettres antiques et au génie de la Grèce et de Rome : les temps modernes nous présentent plusieurs époques remarquables par les chefs-d'œuvre de l'esprit humain ; et, par dessus tout, celle de Louis XIV.

Le règne de ce prince est, sans contredit, le plus brillant et le plus complet de notre histoire. Louis XIV avait le goût des grandes choses et le génie qui les exécute. Le premier, peut-être, il a connu ce qu'il y a dans l'esprit français de ressource et de force et il a dirigé vers tous les genres de gloires la prodigieuse activité de son peuple. Ainsi, en même temps que par les guerres qu'il soutint victorieusement contre l'Europe coalisée et par les négociations perpétuelles qu'avaient fait naître et la difficulté des situations et d'immenses changemens dans le conseils de la politique, il formait pour la France d'illustres généraux et des ministres habiles, il continuait, mais avec plus de grandeur et de succès, la protection que Richelieu avait accordée aux lettres ; il aimait les arts ; il encourageait les sciences ; et, ce qui honore le plus cette protection, c'est qu'elle ne se renfermait pas dans les limites du royaume; elle parcourait l'Europe et portait au loin le nom et les bienfaits du roi de France. Ainsi nulle époque, je le répète, et pour les lettres surtout, n'a été plus complète et plus brillante; aucun genre n'a manqué à cette réunion, à ce rendez-vous de tant de génies. Bien plus, de nouvelles routes ont été ouvertes, et la littérature s'est multipliée par des chefs-d'œuvre jusqu'alors inconnus.

Dans l'histoire des lettres, comme dans l'histoire politique, chaque siècle est annoncé et préparé par celui qui le précède. le 16e siècle se distingue par de fortes études, par le retour aux anciennes traditions, par le goût de l'antiquité : il assiste aux premiers développemens de la langue française; le 17e poursuit l'œuvre du 16e mais il ne se contente plus d'étudier et d'imiter; il achève de former la langue, il perfectionne, et enfin il crée. Le 18e siècle avait fait des traductions, puis des imitations ; le 17e compose librement et donne à son tour des modèles.

Balzac, dans la prose, Malherbe dans la poésie, sont les premier représentants du 17e siècle : s'ils n'appartiennent pas au temps de Louis XIV, ils en forment, du moins, l'introduction nécessaire. Il fallait que le mauvais goût importé en France à la suite du théâtre espagnol et du théâtre italien fût entièrement chassé de notre scène, de nos romans et même de notre langue, avant que des génies plus hardis et plus purs se fissent jour, et donnassent aux idées plus de hauteur, et au style la perfection qu'il atteignit dans les œuvres de Corneille et de Racine.

C'est au théâtre que se découvre surtout la richesse d'une littérature. Là, en effet, les passions sont plus vives que partout ailleurs, les juges plus difficiles, et les triomphes plus recherchés. Sous ce point de vue aucune époque n'a plus de droits que le siècle de Louis XIV à notre étude et à notre admiration. Que l'on considère en quel état il a trouvé la scène française, faible, ignorante, tributaire des deux peuples

voisins, dénuée d'invention et de passion ; et, d'autre part, à
quel point il l'a laissée, riche, savante, originale, pleine de
ressources, passionnée! Que l'on compare le langage du théâtre
avant Corneille, à cette langue flexible et si vigoureuse telle
que l'ont faite et Corneille, et Racine et Molière! Corneille, que
l'on peut appeler le père de notre tragédie, conserve peut-être
quelques traces du mauvais goût qui infectait encore le temps
où il a écrit ses premiers ouvrages, et qu'il a si dignement
expié par tant de beautés. Mais aussi, quand une fois il a secoué
le joug de l'imitation espagnole à laquelle, cependant, nous
devons le Cid, quand il a transporté ses héros sur un autre
théâtre, quand il a cherché et trouvé dans l'antiquité, dans
l'histoire de Rome, des caractères dignes de son génie, alors
il nous étonne et nous ravit par la hauteur de ses conceptions
et l'énergie de son langage. Le Cid est sans doute un de ses
plus beaux chefs-d'œuvre ; relativement, c'est peut-être la
tragédie qui fait le plus d'honneur à Corneille ; mais on peut
dire qu'elle est loin d'être complète, qu'elle se soutient principalement par la beauté du caractère de Rodrigue, et qu'il
fallait tout le génie que Corneille a déployé dans la peinture
de ce seul caractère pour nous faire oublier l'invraisemblance
des situations, les défauts et même l'inutilité de certains personnages. Cinna et les Horaces, sous le rapport de l'art, sont
l'œuvre d'une perfection bien plus rare et Polyeucte, dont
Corneille a puisé le sujet dans l'inspiration chrétienne, nous
fait admirer à la fois un plan très dramatique, des pensées et
une poésie sublimes. Que dire encore de Pompée, de Rodo-
gune, d'Héraclius, de Nicomède, de Sertorius, pièces empreintes de son mâle génie ? Et même, dans les derniers ouvrages
où se trahit souvent la vieillesse du poète, que de belles scènes,
dignes de ses premiers temps ! Comme les souvenirs de l'antiquité sont parfois exprimés avec précision et vigueur, témoin
le 1er acte d'Othon! On a trop dédaigné la dernière période
du génie de Corneille. La comparaison de cette période avec

celle qui a produit Cinna, les Horaces et Polyeucte devait lui être, il est vrai, bien funeste. Mais quelle gloire pour un écrivain de se faire tort ainsi à lui-même et d'être condamné par son propre génie !

N'oublions pas que si Corneille a été le père de notre tragédie, il a également composé la première comédie de mœurs que l'on ait conservée sur la scène. Le *Menteur* est une de ses plus étonnantes productions. On admire avec qu'elle facilité, quelle grâce, quelle élégance, le poète qui a fait parler si magnifiquement Polyeucte et les Romains, sait maintenant raconter et peindre. C'est le propre des génies supérieurs de se plier ainsi à tous les genres et d'exceller dans tous ceux qu'ils abordent. On ne lit plus, et l'on a tort, une traduction en vers de l'Imitation de J. C. que Corneille composa sur la fin de ses jours avec l'âme du poète et surtout du chrétien : au milieu de passages faibles et languissants se retrouve souvent la noblesse et la hauteur de Corneille. La même inspiration avait dicté Polyeucte.

Enfin, dans ses Discours sur l'art dramatique, Corneille nous a livré comme le secret de son génie ; il nous a dit ce qu'il avait imité des anciens, ce qu'il avait tiré de lui-même, il nous a donné les règles de cet art sublime qui a fait sa gloire ; et les leçons de son expérience ont été fidèlement observées par ceux qui lui ont succédé sur la scène, et notamment par Racine.

Racine parut quand Corneille commençait à décroître ; il trouva donc la scène préparée et un public habitué déjà aux chefs-d'œuvre. Toutefois ses commencements furent faibles et ne promettaient pas ce que la suite a montré. Andromaque est la première de ces admirables tragédies qui se succèdent sans interruption jusqu'à Athalie. Je ne crois point devoir ici analyser et apprécier séparément chacun de ces ouvrages. Je me contenterai d'en tracer le caractère général et de présenter, ainsi, le caractère du génie de Racine.

Racine s'était nourri de la lecture des anciens ; il en avait étudié de bonne heure et senti les beautés, il possédait, en outre, un cœur sensible et passionné, une âme grande et un esprit plein de finesse ; avec ces qualités précieuses auxquelles se joignait une étonnante facilité pour les vers, il devait bientôt se placer au premier rang.

A partir d'Andromaque, toutes les tragédies de Racine offrent l'image de la plus haute perfection. Le choix de sujets, la sagesse et la régularité des plans, l'harmonie et la beauté de la diction en forment autant de chefs-d'œuvre. Dans cet écrivain, se personnifie, en quelque sorte, le siècle de Louis XIV avec sa grandeur, sa noblesse, sa politesse exquise, ses goûts délicats. Personne, plus que lui, n'a excellé à peindre les sentimens élevés de l'esprit comme les plus tendres sentimens du cœur : personne n'a mis plus de vérité dans les portraits ; n'a répandu plus de charme dans l'expression. Chose singulière ! ce qui lui a nui surtout aux yeux de ses détracteurs (car il en a eu et il en a encore ; cette sanction ne pouvait manquer à son génie), c'est qu'il est, partout et toujours, également beau, également vrai : on a prétendu que cette beauté, cette vérité, monotones à force d'être perpétuelles et constantes, ne laissaient ressortir aucune peinture vigoureuse, aucun trait remarquable : et, pour donner plus de poids à ce reproche extraordinaire, on s'est plu à citer Corneille où les beautés doivent souvent beaucoup aux imperfections qui les entourent. Les rôles de Burrhus, de Mithridate, de Joad montrent assez si Racine était dépourvu de cette vigueur de pinceau qui flétrit le vice et relève la vertu.

Cette perfection tient principalement au style : mais il en est une autre que Racine possédait à un haut dégré, celle du plan, de la conduite d'une pièce, de la concordance des personnages ; perfection rare dans tous les temps et que Corneille lui-même ne me paraît pas avoir atteint. La passion, chez Racine, est peinte avec les traits qui lui conviennent et n'est jamais outrée. En vain a-t-on prétendu que Racine n'avait su représenter que l'amour, et que son génie s'était uniquement renfermé dans l'étude et l'expression de cette passion de l'âme, si féconde, mais où les anciens avaient excellé avant lui. Examinons ses pièces, celles même où l'amour joue le premier rôle, et nous trouverons toujours dans un personnage opposé le contraste de sentimens plus nobles qui corrigent l'amour, et je puis dire, qui en règlent les écarts ou en modèrent les fureurs; souvent même, dans un seul personnage, ce contraste des deux passions se rencontre avec ses luttes naturelles et ses dramatiques péripéties. Titus nous paraît plus grand, lorsqu'il parle en empereur Romain, que lorsqu'il soupire aux pieds de Bérénice. C'est l'impétuosité du courage que nous admirons dans Achille plutôt que son amour pour Iphigénie, et nous pardonnons au poète de nous avoir peint, avec une vérité si terrible, le cruel Néron, lorsqu'en face de Néron il nous présente Burrhus. Ce sont ces contrastes qui répandent de l'intérêt dans le drame, qui entretiennent l'action, qui la conduisent insensiblement à un dénouement régulier, que l'esprit accepte sans effort, parcequ'il vient d'assister, en quelque sorte, à sa propre histoire, parcequ'il a reconnu dans la fable représentée la marche naturelle de ses sentimens et de ses passions et la fidèle expression de la nature humaine. En cela consiste le génie de Racine, il a peint les hommes tels qu'ils sont; il n'élève pas ses héros à une hauteur démesurée, il n'en fait pas ce qu'on appelle communément *des héros de tragédie*; il en fait des hommes. Agamemnon est superbe et ambitieux; Achille, emporté; Mithridate, jaloux; Agrippine, fière et hautaine. En un mot, Racine a parfaitement compris le précepte d'Horace, répété par Boileau:

Toujours à vos héros donnez quelques faiblesses.

Ainsi que Corneille, Racine a montré, par une composition

admirable, ce qu'il y a de ressources et de beauté dans l'inspiration religieuse. Ici, l'amour des choses mortelles, les passions humaines font place au pur amour des vérités célestes, aux sublimes aspirations vers Dieu. Athalie, comme Polyeucte, est une réponse victorieuse à certains critiques qui ont nié l'intérêt qui peut s'attacher aux grands drames de la religion. On peut dire qu'aucune pièce de Racine n'est plus attachante, mieux conduite, plus remplie d'incidents et de situations tragiques, qu'Athalie, où le mot d'amour n'est pas une seule fois prononcé, où tout se passe entre une reine cruelle et un faible enfant ! Dans Polyeucte encore, l'amour sacré de Polyeucte est opposé au chaste, mais mortel amour de Pauline : d'un autre côté, la passion de Sévère pour Pauline occupe quelques scènes et ajoute à l'intérêt et à l'action. Dans Athalie, l'orgueilleuse cruauté de la reine, la noble majesté de Joad, l'innocence de Joas suffisent amplement au développement de la tragédie et remplissent cinq actes de pensées divines et d'une poésie magnifique.

Enfin, pour achever ce portrait du plus parfait de nos poètes, remarquons que le génie qui a composé tant de chefs-d'œuvre, et en dernier lieu Athalie, était un des esprits les plus fins de son époque et qu'il a laissé la comédie des *Plaideurs*.

Le parallèle entre Corneille et Racine a été si souvent tracé que je ne crois pas devoir y revenir et marquer ici une préférence qui me serait contestée. D'ailleurs, j'aime peu cette manière de comparer les hommes de génie; l'esprit de celui qui compare est souvent entraîné à établir des rapprochemens forcés et à créer des différences qui n'existent pas réellement. Pour qu'il y ait de part et d'autre les mêmes conditions de temps et de lieu, il faut que les deux auteurs que l'on oppose aient écrit sous l'influence des mêmes idées, avec des ressources égales ; autrement, il est bien difficile, pour ne pas dire impossible, de porter sur des données relatives, un jugement absolu. Corneille a paru avant Racine, il a composé les pre-

miers chefs-d'œuvre. Doit-on induire de ce fait que Corneille
a eu plus de *mérite* que Racine, que si Racine n'avait pas eu
sous les yeux les œuvres de son illustre prédécesseur dans la
carrière tragique, nous n'aurions ni Britannicus, ni Phèdre, ni
Athalie ? — Non, sans doute. Corneille n'était pas nécessaire
au génie de Racine qui descend en droite ligne des anciens.
— Qu'il me soit donc permis de ne pas insister sur ce parallèle et de poursuivre rapidement le tableau de la scène Française au temps de Louis XIV.

A la suite des deux génies qui occupent le premier rang
sur notre scène tragique, mais bien loin derrière eux, se présentent quelques talens secondaires, dont les compositions
méritent encore notre estime. Rarement, ils se sont rapprochés de leurs modèles pour les situations du drame ou la
vigueur des tableaux ; mais on reconnaît à leur style pur, souvent même élégant, qu'ils appartiennent au grand siècle; Tho-
mas Corneille a su jeter quelque intérêt dans la fable d'Ariane,
La Fosse et Duché ont fait preuve de talent et d'énergie, le
premier dans sa tragédie de Manlius, le second, dans celle
d'Absalon. (Manlius est resté au théâtre). — Campistron conserve encore une réputation que ne justifient pas suffisamment la conduite et la versification de ses nombreuses tragédies, Enfin, la Médée de Longepierre a long-temps été oppo-
sée à celle de Corneille. Je ne cite ici Pradon que pour mémoire; il a eu le malheur et le ridicule d'être applaudi le
même jour que Racine voyait siffler une de ses plus belles
tragédies.

Cette singulière aventure nous étonne et nous indigne à bon
droit; elle compromettrait à nos yeux le *bon goût* du public qui
avait le courage d'applaudir Pradon, si nous ne savions ce que
peuvent de tout temps l'intrigue et les coteries, et si ce même
public n'avait plus tard applaudi Racine. D'ailleurs, il faut le
dire, l'éducation dramatique du peuple qui jugeait n'était point
faite encore, il lui était permis de se tromper. Le génie véri-

table est toujours en avance sur son siècle : la foule ne le
comprend pas du premier coup, elle est paresseuse à se
défaire de ses préjugés, à entrer dans des voies nouvelles :
mais que le génie tienne bon, qu'au lieu de descendre jusqu'à
son juge, il persiste à vouloir l'élever jusqu'à lui, il est bientôt
vengé. Racine n'avait pas en lui cette force de caractère qui
résiste et qui triomphe : il n'aurait consenti jamais à transiger
avec son génie pour être applaudi de la foule ; mais il aurait
quitté la scène ; près de lui, heureusement, se trouvaient Boileau, dont je m'occuperai plus tard, et Molière qui, par la
comédie, exerça sur le goût littéraire comme sur les mœurs
une influence qui dure encore aujourd'hui.

Corneille s'est inspiré de l'antiquité et du théâtre espagnol :
Racine descend d'Euripide et de Sophocle. Molière n'a point
eu de modèle particulier, il n'a imité spécialement aucune
époque, soit ancienne, soit moderne : il ne s'est pas attaché
à la peinture d'un caractère, d'un seul peuple ; il a représenté
toutes les nations et tous les temps ; il a étudié l'*homme*, tel
qu'il est par nature, indépendamment des lieux et des circonstances. Tantôt il se moque des ridicules, des petites faiblesses de l'esprit humain, et alors il est plein de comique et de
gaieté ; tantôt il s'attaque aux grands vices de l'âme : il nous
peint l'avare, le faux dévot, le Misanthrope, et alors, cette
même gaieté qui ne le quitte jamais est tempérée par je ne
sais quoi d'amer qui fait que nous ne rions plus. Il réunit en
lui l'entrain de Plaute, la vérité de Térence, et jusqu'aux far-
ces d'Aristophane, et il est à lui seul supérieur à Aristophane,
à Térence et à Plaute ; ses caractères sont plus généraux et
ses traits plus profonds. Un vice, un ridicule lui suffit pour
remplir une pièce, et souvent d'un seul vers il vous peint un
homme. Ses plaisanteries ont deux faces et deux sens ; elles
font penser ; les esprits ordinaires n'en voient que le côté comique : les esprit cultivés y admirent une vérité profonde et
un trait sublime. C'est ce qui fait que Molière, sans être com-

pris par tous de la même manière, est applaudi par tous
avec le même enthousiasme, et que le changement des mœurs,
des modes, des ridicules, qui change souvent tant de succès,
ne pourra rien sur ses œuvres, parceque si le trait comique
passe, du moins le trait moral, le plus beau, ne passera pas.

Le plus difficile peut-être d'une comédie, c'est la suite de
l'idée comique ; c'est l'arrangement du plan de telle sorte
que le caractère principal soit toujours en vue, mais qu'en
même temps il ne nuise pas au développement des caractères
placés auprès de lui pour le soutenir ou lui faire contraste.
Il faut que ces caractères soient complets en eux-mêmes, qu'ils
puissent, en quelque sorte, se décomposer de l'action générale, et qu'ainsi séparés ils aient un sens, une physionomie
particulière et indépendante. Beaucoup d'auteurs comiques
ont négligé ce dernier point ; une comédie, pour eux, n'est
que la peinture d'un seul caractère, autour duquel ils grou-
pent certains personnages, pour qu'il y ait une intrigue et
une action, personnages sacrifiés au principal rôle, sans originalité, sans comique. Molière a su éviter ce défaut. Dans ses
plus sérieuses comédies, les rôles les moins importants sont
traités avec un soin admirable, et c'est souvent de bien bas
que part le trait qui renferme la moralité de la scène et parfois de la pièce. Nous voyons aujourd'hui sur la scène plus
d'un personnage placé au premier plan, qui ne vaut ni la viva-
cité de Dorine, ni les solécismes de Martine, ni le fou rire de
Nicole. Molière savait trop bien le cœur humain pour ne pas
chercher dans la vie commune, à la portée de tous, les effets
comiques, les exemples du ridicule et les leçons du plus grossier bon sens. Les grandes passions, les caractères de haute
comédie se manifestent surtout dans les petites choses : ils
ont leur côté familier, par où le poète peut les saisir, et la
foule les comprendre facilement. L'écueil, alors, est de tomber trop bas, de sortir de la comédie pour entrer dans la farce.
Ici, Molière est-il irréprochable ? n'a-t-il pas fait abus quelque-

fois des *gros mots et des coups de bâton*, et ne faut-il pas dire
avec Boileau que

.......dans le sac où Scapin s'enveloppe
On ne reconnait plus l'auteur du Misanthrope ?

On ne peut absoudre entièrement Molière sur ce point ;
mais il est permis de l'excuser par les goûts et les habitudes
de son temps, où ces mots et ces moyens grossiers ne cho-
quaient pas sur la scène comme ils choquent aujourd'hui. S'il
est du devoir de la tragédie de conserver partout cette élévation de pensée et cette noblesse de langage qui convient aux
héros qu'elle fait parler, la comédie qui introduit sur la scène
les hommes avec leurs mœurs habituelles, et presque bour-
geoises, jouit d'une liberté plus étendue, et Molière n'est cou-
pable qu'à demi. Et encore, par combien de beautés a-t-il
racheté ce seul défaut ; un style plein de facilité et de nerf,
un bon sens plein de profondeur, un esprit plein de finesse
et de trait, telles sont les qualités qu'il a mises en œuvre pour
fronder les ridicules, flétrir les vices, ramener ses contemporains à la vérité dans la morale et au bon goût dans la littérature.

Comme la tragédie, la comédie a eu ses talens de second
ordre ; excepté Regnard, les auteurs comiques sont aussi éloi-
gnés de Molière, leur maître à tous, que les auteurs tragiques
le sont de Corneille et de Racine. Regnard est admirable de
verve et de gaieté, ses pièces sont, de plus, assez bien con-
duites ; mais il ne possède pas la variété de Molière, ni ce sens
moral et philosophique qui doit sortir du trait comique. Le
Légataire universel, le *Joueur*, le *Distrait*, les *Ménechmes* sont
ses meilleures comédies.

(1) Baron, Campistron qui est plus connu pour de méchan-

(1 Baron, auteur de l'Homme à bonnes fortunes.

tes tragédies que pour une comédie assez bonne, le *Jaloux désabusé*, (1) Boursault, (2) Dufreshy, (3) Dancourt, (4) Hauteroche, (5) Brueys et Palaprat, occupent, à la suite de Regnard, un rang honorable ; ils ont composé des comédies de *caractère*, où un ridicule est mis en scène et développé avec esprit, mais où le talent ne s'élève jamais jusqu'au génie ; Molière n'a pu être surpassé.

Plus j'avance dans l'examen des immortels écrivains du siècle de Louis XIV, plus j'admire ce génie inventif et créateur qui, tout en imitant l'antiquité par la forme, multiplia les genres et produisit du premier coup des chefs-d'œuvre. Corneille a retrouvé la tragédie, Molière a créé la comédie française ; Quinault, qui avait échoué dans la tragédie, a doté notre scène d'un genre tout-à-fait nouveau, l'*Opéra*, et sa poésie riche et harmonieuse n'a pas peu contribué, quoi qu'en ait dit Boileau, à embellir même la belle musique de Lulli. Enfin, voici venir La Fontaine, le génie le plus singulier de cette époque, avec ses *Fables* charmantes et ses *Contes* dont il faut bien que je fasse au moins mention ; (je n'en dirai pas davantage ; car je serais trop embarrassé de les louer). Les Fables d'ailleurs me suffisent et je puis les admirer sans scrupule. Qui ne connaît les Fables de La Fontaine ? qui n'a appris, dès l'enfance, ces compositions *inimitables*, si pleines de sens, d'esprit, de naïveté ? Avant La Fontaine, deux autres, chez les anciens, ont écrit des Fables : Ésope, chez les Grecs, Phèdre, chez les latins. Ésope n'a cherché que le but moral de la fable, la satire cachée sous une ingénieuse allégorie, aussi paraît-il plus philosophe que

(1) Boursault, auteur d'Esope à la conr.
(2) Dufresny, — Mariage fait et rompu, — le Joueur.
(3) Dancourt, — Chevalier à la mode.
(4) Hauteroche, — Crispin médecin.
(6) Brueys et Palaprat, — le Grondeur, — le Muet.

poète, Phèdre revêtit la fable d'une forme plus élégante et plus
ornée ; A la leçon morale il ajouta l'esprit qui la rend aimable et gracieuse : Mais comme il est encore inférieur à notre
La Fontaine ! Chez celui-ci, la fable a pris un autre tour : ce
n'est plus une simple leçon de philosophie, ni une froide allégorie, suivie rigoureusement d'une moralité qui l'explique ; c'est
une forme agréable et transparente, un tableau parlant, une
comédie ingénieuse où chaque acteur a son rôle et son caractère ; ou bien, c'est une simple pastorale, une description qui
enchante ; et de tout cela, à travers une poésie sublime de
simplicité, spirituelle à force d'être naïve, ressort la vérité
morale, le précepte que La Fontaine semble avoir voulu nous
dérober, tant il a pris soin de le cacher sous les fleurs du langage ! tant il a peur de paraître seulement vouloir faire la
leçon ! il n'est pas méchant, mais il est malin ; c'est un *bon-
homme.*

Que ses fables ne nous fassent pas oublier ses autres ouvrages : je ne parle pas des comédies qu'il a composées dans sa
jeunesse et où se recontrent parfois certaines naïvetés comme
il savait les dire, mais de Psyché, œuvre assez étendue, pleine
de gracieuses beautés. Ses lettres aussi sont charmantes : elles
peignent l'homme tout entier.

Boileau n'a point cité La Fontaine : nous ne pouvons inter-
préter ce silence que par l'embarras où il s'est trouvé, sans
doute, d'assigner au fabuliste une place dans le tableau littéraire qu'il nous a laissé. Ce genre était trop neuf pour qu'il
dût en donner des règles certaines, et comme il ne s'est point
occupé du genre, il ne s'est pas occupé non plus de celui qui
en a donné parmi nous les premiers modèles. Ce seul oubli,
d'ailleurs, si c'en est un, ne saurait diminuer la gloire de Boileau qui, dans plus d'une occasion, eut à lui seul plus de goût
que tout son siècle.

Boileau s'est peint lui-même lorsqu'il a dit de lui :

Et même en imitant toujours original.

En effet, personne plus que lui n'a usé des anciens : il s'est approprié leurs genres, leur forme, leurs expressions ; mais il est demeuré original avec son génie. On a souvent, et dans ces derniers temps surtout, contesté le génie de Boileau : on a bien voulu lui accorder un grand talent pour faire les vers, mais on a nié qu'il fût poète. Ce jugement sur lequel on reviendra comme on revient sur toute erreur est au moins singulier. A-t-on oublié l'influence que Boileau par ses écrits, par son goût a exercé sur son époque et sur ses amis qui, certes, n'étaient pas de simples talents ; a-t-on oublié que ses arrêts, souvent contraires à ceux de son siècle, sont devenus les arrêts de la postérité, et qu'avant de donner les préceptes éternels du beau, il en avait donné les modèles avec cette variété inépuisable qui est la plus sûre marque du génie? Il a écrit des satires, des épîtres, un poème didactique, et dirai-je, en parlant du Lutrin, un poème épique ou une comédie? Dans ses satires et ses épîtres, il a lutté avec Horace, et il l'a vaincu dans l'art poétique. Il est plus régulier que le poète latin, et il ne semble pas moins à l'aise ; il a autant d'esprit et de bon sens. Il est familier avec noblesse, et chose bien rare! spirituel avec goût. Que la pensée soit élevée ou vulgaire, il l'exprime avec la même facilité et le même bonheur. Il a inventé cette manière de style qui ne redoute aucune concurrence avec la pensée, qui se soutient à la hauteur des plus grandes idées et qui relève les plus basses par la convenance de la forme, qui sait en un mot, rendre tout en vers.

Par là, il a enrichi notre langue poétique, que l'on disait si pauvre, d'expressions et de tours qui n'ont pas vieilli. Juste appréciateur du génie, souvent méconnu, de ses contemporains, ennemi impitoyable des mauvais auteurs et des méchants écrits, il devait, après avoir soutenu les uns contre l'envie ou l'erreur du siècle, et accablé les autres sous les traits de la satire, donner enfin les règles invariables du goût qu'il possédait si bien. D'une épitre d'Horace il a fait un poème, où sont énoncés avec ordre les préceptes de l'art des vers, l'origine des genres et leur histoire complète; où le poète oublie quelquefois qu'il n'a promis que des préceptes pour donner des modèles sagement appropriés au sujet qu'il traite, où l'aridité de la leçon est embellie par la richesse et l'élégance de l'expression ou égayée par un trait de satire. L'art poétique est, sans contredit, le plus solide monument de la gloire de Boileau.

Jusqu'ici il a suivi fidèlement les anciens : Horace, Perse, Juvénal lui ont été d'un grand secours. Dans le Lutrin, il ne doit rien qu'à son esprit et à son génie. Le sujet même ne lui a presque rien fourni. Qu'est-ce que l'histoire d'un lutrin ? Boileau en a fait une Epopée, mais une Epopée avec ses passions, ses descriptions, ses incidents ordinaires: combats, songes, discours, et tout l'appareil épique; rien n'y manque. Le Lutrin aurait dû sauver Boileau de ce dédain farouche dont il est encore l'objet de la part de certains critiques; car l'esprit arrivé à ce point, n'est plus seulement de l'esprit.

Le Lutrin a encore à nos yeux un autre mérite; c'est le seul poème estimable qu'ait produit le siècle de Louis XIV ; Chapelain avait bien composé la Pucelle, et le père Lemoine le poème de St-Louis; mais la Pucelle, œuvre d'un écrivain plein de goût en prose, jouit grâce à Boileau, d'une triste célébrité; et quelques beaux passages dans le poème du père Lemoine ne rachètent pas les défauts d'une composition ennuyeuse et diffuse. Alors aussi, on composait des romans, que j'appellerai romans *épiques*, d'une longueur effroyable. Scudéri eut long-temps la vogue, mais cette erreur du siècle ne devait pas lui survivre. La prose Française sous des plumes habiles, se perfectionne et se fixe, et ses destinées ne seront pas moins brillantes que celles de la poésie.

Pascal ouvre dignement cette série de grands écrivains qui font encore la gloire de notre littérature. Elevé dans les principes sévères de Port-Royal, il avait acquis par l'étude des sciences exactes, un jugement droit et une puissance irrésistible de logique. La nature l'avait doué d'admirables facultés que le sentiment religieux dirigea vers les plus hautes spéculations, et d'un esprit vif et mordant, dont il usa largement dans ses Lettres Provinciales. Je ne déciderai point ici s'il a défendu la bonne cause ; mais bonne ou mauvaise, il était impossible de la plaider mieux, d'avoir raison avec plus de force ou d'avoir tort avec plus d'esprit. Les PP. Jésuites ne se sont pas relevés de cette rude attaque.

Pascal est, avec Racine, le plus illustre représentant de cette école de Port-Royal doublement consacrée par le génie et par le malheur. Là se perpétuaient, sous des maîtres habiles et modestes, les antiques traditions : là, se continuait en silence l'œuvre d'érudition patiente et de laborieuses recherches, commencée par le 16e siècle, par Henri Etienne et par Budée. Dans ce pieux désert, asile de science et de travail, quelques hommes supérieurs, Lancelot, Le Maître, Arnauld, Nicole, Pascal, appliqués à l'étude de la Bible et des beaux génies de la Grèce, préparaient par des œuvres littéraires et morales, empreintes de la gravité de leurs mœurs et de la sévérité de leur goût, la gloire du grand siècle. En même temps qu'ils étudiaient le caractère des langues anciennes et qu'ils en révélaient, dans de savantes grammaires, les formes alors peu connues, ils posaient les règles rigoureuses de la Logique et du raisonnement, et, armés de cette Logique invincible, ils démontraient les vérités du Christianisme dont ils développaient éloquemment la morale et les dogmes. Arnauld écrivait son livre sur la *perpétuité de la Foi*, et Nicole, ses *Essais de morale*. Le Maître de Sacy traduisait tour-à-tour la Bible et Térence ; Racine lisait Euripide, et Pascal lançait du fond de sa retraite contre des ennemis jaloux ses Lettres Provinciales. Intéressante réunion d'hommes rares par le talent et par la piété, que le despotisme dispersa au nom de la religion !

Port-Royal avait pu être détruit, mais non son influence sur le goût et l'esprit du siècle. Il avait donné l'impulsion vers les études antiques et vers les spéculations sérieuses; le goût revint de traduire ou de commenter l'antiquité, d'écrire même en latin. Ducange, par ses deux Glossaires, avait rendu plus faciles ces travaux sur les auteurs de Rome et de la Grèce, et son ouvrage immense est encore aujourd'hui consulté. Le P. Jouvenci a laissé plusieurs éditions enrichies de commentaires où se retrouvent l'étendue de sa science et la sûreté de son jugement. Mme Dacier traduisit Homère, Aristophane, Térence, plusieurs comédies de Plaute, Anacréon; et M. Dacier éclaircit par des notes savantes, quelquefois trop savantes pour nous, les obscurités d'Aristote et de Platon. Le cardinal de Polignac opposa une réfutation éloquente et poétique aux poétiques erreurs de Lucrèce. Santeuil composa en vers latins des hymnes magnifiques, et les premiers évêques de l'Eglise de France, Bossuet, Fénélon, Fléchier écrivaient le latin avec facilité et élégance. Boileau traduisit le traité du sublime, de Longin, et La Bruyère les Caractères de Théophraste. C'est ainsi que se préparait, par des travaux utiles à la science, le grand mouvement littéraire du siècle de Louis.

Toutefois ce goût du 17e siècle pour l'antiquité n'est pas de même nature que celui des siècles précédents : aux 15e et 16e siècles, on ne jurait que par elle, par Aristote et par Platon; au 17e siècle, on se contenta d'admirer et d'imiter la forme antique : en philosophie, en morale de nouvelles idées se firent jour : mais cette liberté de penser fut achetée au prix du sang, et deux philosophes, rebelles à la doctrine péripatéticienne, venaient d'être brûlés pour avoir tenté de secouer le joug, lorsque Descartes parut. Descartes changea entièrement la doctrine philosophique; au lieu de chercher dans les sens,

comme Aristote, (1) l'origine de nos idées, il la chercha dans
l'âme; au lieu d'un système dont les conséquences rigoureuses
aboutissaient au matérialisme, il édifia un système, tout spiri-
tualiste, plein d'originalité et de hardiesse, mais néanmoins
impossible dans son principe. Comment l'âme, arrivée au point
où elle raisonne, peut-elle tout d'un coup, afin de s'étudier
elle-même, rompre avec le passé, s'isoler du corps et rejeter
ses idées antérieures, pour les reprendre ensuite une à une et
ne les admettre qu'à la lumière infaillible de l'évidence ? Comment peut-on, alors, faire comme si l'on n'avait pas été, et
recommencer à vivre ? Système impossible, parcequ'il est
contraire à la nature et qui, malgré des efforts de génie, a
produit le *doute Cartésien*.

On a souvent prétendu que les grands génies du siècle de
Louis XIV avaient suivi la doctrine de Descartes, que Port-
Royal, que Fénélon, Bossuet, l'Oratoire même l'avaient admise
et reconnue. Je ne le crois pas. Sans doute, ils ne pensaient
point comme le célèbre Huet, évêque d'Avranches, qui, pour
combattre Descartes, avait nié toutes les vérités naturelles au
profit de la vérité divine, et qui, permettait de douter des
premières, afin d'établir, par la seconde, un dogmatisme
absolu. Mais la justice qu'ils ont rendue au génie de Descartes,
l'attention qu'ils ont portée à ses écrits et à sa nouvelle doctrine, dans laquelle ils voyaient une tentative utile aux progrès
de la science plutôt qu'un succès, ne doit pas être considérée
comme un assentiment. Il était impossible de ne pas reconnaître avec Descartes certains principes dont l'esclavage philosophique du temps passé n'avait point permis d'apercevoir
l'évidence : mais la foi catholique était contraire à ce doute
Cartésien, conséquence de la doctrine, et qui, par suite, n'a pas

---

(1) *Nihil est in intellectu quod non prius fuerit in sensu.*

dû trouver d'approbateurs dans le clergé Français. Quoiqu'il en soit, le système de Descartes occupe une grande place dans l'histoire de l'esprit humain; c'est le premier monument de la philosophie moderne. Ses ouvrages, le Discours sur la méthode, les Méditations etc, sont écrits avec une rare pureté, et il a laissé, en outre, une belle réputation dans les sciences. Malebranche, son disciple, altéra sa doctrine et tomba dans le mysticisme. La Recherche de la vérité est un ouvrage élégamment écrit, mais dont les idées ne sont pas toujours claires.

Deux philosophes furent complétement opposés à Descartes; l'un, Gassendi, dialecticien serré, voulut ressusciter la théorie des atomes, tout en admettant l'existence d'une cause première; l'autre, Bayle esprit très-vif, mais diffus, se rapprocha du Pyrrhonisme et dut sa plus grande célébrité à son Dictionnaire philosophique.

Après cet examen rapide des philosophes, je rencontre les moralistes. La Rochefoucauld, mêlé à toutes les intrigues de la Fronde, a laissé des Pensées, où il placé dans l'amour-propre et l'orgueil, le mobile de toutes les actions de l'homme : Cette morale égoïste s'explique, chez La Rochefoucauld, par les évènemens auxquels il a assisté, d'après lesquels il a cru peindre l'âme humaine. L'homme, heureusement, n'est pas tel qu'il l'a fait. La Rochefaucauld peut être un grand écrivain, mais il est peu goûté comme moraliste. — La Bruyère a mieux connu l'homme ; s'il n'a pas dérobé nos faiblesses, il n'a pas nié, du moins, ce que Dieu a mis en nous de généreux et de bon ; il a vu qu'un grand nombre de nos vices ne sont que des ridicules et qu'il suffit de s'en moquer ; aussi l'a-t-il fait avec beaucoup d'esprit et de finesse. Ses caractères sont agréablement tracés : de plus, ils sont vrais ; on le préfère à La Rochefoucauld.

Descartes n'était pas un moraliste, ni La Bruyère un philosophe ; le premier s'était uniquement attaché à la recherche de

la vérité sur la nature de notre être intellectuel et pensant ;
le second avait étudié le cœur humain et l'avait exprimé sous
toutes ses faces.

Mais il y eut, alors, des hommes à jamais célèbres, qui
furent à la fois philosophes, moralistes, historiens et orateurs.
Je veux parler de Bossuet et de Fénélon. Tous deux, ils
étudièrent à fond les systèmes de la philosophie antique pour
opposer leur impuissance aux dogmes sacrés de la religion
chrétienne, il entendirent, mieux encore que Descartes, la
liberté de la pensée ; exposant, dans un magnifique langage,
la vérité révélée, ils rendirent facile ce qui jusqu'alors avait
paru impossible à tous, l'accord de la raison avec la foi ; enfin,
ils prêchèrent une morale fondée sur le Christianisme et dé-
montrèrent à l'homme et sa grandeur et sa bassesse.

Que d'éloges consacrés déjà à la gloire de Bossuet ! le
génie de cet homme extraordinaire épuise tout éloge. Quelle
variété ? quelle force ! quelle grandeur ! quelle majesté ! On
ne peut faire un pas, en quelque sorte, dans le règne de Louis
XIV sans le rencontrer, toujours au premier rang. Ici, c'est le
prédicateur qui annonce aux hommes la vérité, qui du haut de
la chaire chrétienne, développe le dogme, et de raisonnemens
en raisonnemens, tantôt par une logique invincible, tantôt par
une exposition éloquente, force l'impie dans ses derniers re-
tranchemens, et l'oblige à courber la tête devant la profondeur
des saints mystères : là, c'est encore le prêtre, qui, en présence
d'un cercueil, se rit de la grandeur humaine et gémit sur notre
néant ; qui fait parler la mort et tire du fond d'un tombeau
des enseignemens terribles. Plus loin, c'est le défenseur de
l'Église Gallicane, qui soutient, avec fermeté, contre une autorité qu'il respecte et qu'il aime, les droits de sa patrie, la
liberté du clergé français, et la vérité qui lui est plus chère
encore. Ailleurs, c'est le défenseur de l'église catholique et de
son chef suprême contre une hérésie funeste qu'il combat avec
force et avec le génie de la vérité, ou qu'il cherche à ramener

dans le sein de l'église universelle par une conciliation prudente, de concert avec un grand philosophe (Leibnitz), digne de s'entendre avec lui, ou bien, je l'aperçois auprès du trône, instruisant un fils de roi et composant, pour cet élève auguste d'admirables ouvrages qui instruiront la postérité. Dans ses Sermons, dans ses Oraisons funèbres, dans ses discussions politiques ou théologiques, dans ses œuvres de philosophie et d'histoire, il est également grand, sublime, il plane, comme un aigle, au dessus de la terre qu'il illumine des rayons empruntés à la lumière des cieux. C'est partout la même éloquence, la même inspiration ; Rien pour lui n'est trop élevé, rien n'est trop bas ; il fait la leçon aux grands avec autant d'autorité que lorsqu'il explique le catéchisme aux petits enfants, parcequ'il sent qu'il parle au nom du même Dieu et que la vérité est égale pour tous. Il a laissé 51 ouvrages, et, on peut le dire, 51 chefs-d'œuvre, tous consacrés, mais sous une forme différente, à la gloire de Dieu et de la religion ; peut-être, dans son histoire, n'a-t-il pas accordé à l'homme, à ses passions, à sa liberté une part assez grande dans les révolutions du monde : mais c'est qu'il a porté dans ses jugemens cette manière souveraine qui rattache toutes choses à leur principe et qui met entre les mains de la providence tous les fils de la destinée humaine ici bas. Enfin, pour terminer cette appréciation trop incomplète encore, Bossuet est le plus grand orateur et le plus profond écrivain, non seulement de notre pays, mais aussi de toutes les nations et de tous les siècles ; c'est un *Père de l'Église.*

A côté de Bossuet, je rencontre Fénélon qui lui est souvent opposé. Le génie de Fénélon, sans être moins élevé, est plus humain en quelque sorte. En lisant Télémaque, nous sommes charmés par la vérité des caractères dans lesquels nous reconnaissons nos vertus et nos faiblesses, et par les beautés d'un style toujours gracieux, toujours pur. Télémaque est une inspiration de l'antiquité, il en vient directement, il en

rapporte les vives couleurs et la forme harmonieuse. Dans les
descriptions de la nature qu'il sentait si bien, Fénélon ne le
cède à Homère ni pour la richesse, ni pour la variété des
tableaux. Dans l'expression des caractères, il est aussi vrai
que Virgile. Télémaque nous rappelle le pieux Énée, et
l'amour de Calypso ne se peut comparer qu'à celui de Didon.
Partout le style a tant de magnificence, de noblesse, de coloris, que l'on a beaucoup discuté, que l'on discute encore s'il
faut ranger Télémaque au nombre des poèmes épiques! Comment louer mieux la poésie de cette prose admirable ?

Les ouvrages de Fénélon sont variés comme son génie.
L'aimable auteur de Télémaque composa sur l'existence de
Dieu un traité célèbre par la hauteur des pensées et la profondeur du raisonnement. Il s'était exercé déjà dans les discussions métaphysiques par une réfutation du système de
Malebranche sur la nature et sur la grâce, réfutation qui ob-
tint l'entière approbation de Bossuet. Même dans ses œuvres
sérieuses et graves, Fénélon conserve les grâces habituelles de
son style ; c'est un ornement naturel qui ne le quitte pas. Nous
l'admirons dans les conseils ingénieux et sages qu'il donne
aux mères pour l'éducation des filles ; dans ses Lettres sur la
Religion, où il ajoute encore, s'il est possible, par une discussion familière, aux preuves si élevées qu'il a fournies déjà sur
l'existence de Dieu ; dans sa Lettre sur l'Éloquence, si fine
de critique et d'expression ; dans ses Dialogues des morts,
composés pour l'éducation du Dauphin, où les hommes de tous
les temps sont jugés où plutôt se jugent eux-mêmes avec la
justice et l'esprit de Fénélon ; enfin, dans ses Fables, aimables
fictions rapidement écrites, mais embellies par ce tour heureux
que le génie sait donner aux moindres choses. Ses sermons sont
d'un autre genre que ceux de Bossuet ; ils n'ont pas autant de
force et de grandeur, mais ils ont plus d'onction, ils persua-
dent. Bossuet commande avec l'autorité d'un maître, Fénélon
disserte avec la familiarité d'un ami. On admire, on craint

11

Bossuet: on aime, on révère Fénélon. Mais c'est surtout dans une discussion fameuse, où Bossuet donna un grand exemple de fermeté, et Fénélon, une marque non moins belle et plus rare, d'obéissance, qu'éclata le caractère de ces deux hommes. Les hérésies sont plus dangereuses, lorsqu'elles se produisent sous une forme innocente, avec l'autorité d'un nom illustre. Ainsi le Quiétisme eût pu devenir fatal à bien des âmes sans la résistance inflexible, impitoyable de Bossuet, et surtout sans l'angélique soumission de Fénélon. Je ne sais lequel nous devons le plus admirer dans cette lutte, le vainqueur ou le vaincu?

Le siècle de Louis XIV est l'époque la plus brillante de l'éloquence sacrée. Indépendamment de cette heureuse fortune qui fit naître dans le même temps un si grand nombre de génies, il y avait dans la société Française, à la cour surtout, des causes particulières, qui devaient favoriser les orateurs chrétiens. Dans cette société devenue si avide de plaisirs, de luxe, de frivolités, qui nous parait aujourd'hui si légère et plus qu'aimable, le sentiment religieux était profondément enraciné. Ce n'était pas, comme on l'a prétendu, une mode passagère, une flatterie à la piété du roi Louis XIV. C'était un sentiment vrai, charitable, que St-Vincent de Paule avait imprimé dans les âmes et qui y demeura long-temps gravé. On se pressait aux sermons; le discours d'un prédicateur célèbre était un évènement, et Mme de Sévigné ne manquait jamais de rendre compte à sa fille des triomphes oratoires de M. de Meaux, de M. de Tulle, de M. de Cambrai. Aussi que de noms à citer ! A Bossuet et à Fénélon il faut joindre Bourdaloue, profond logicien, orateur énergique et réglé ; Mascaron qui n'est pas aussi pur que ses émules, mais qui trouve de beaux mouvements; Fléchier, quelquefois rival de Bossuet dans l'oraison funèbre, orateur fleuri et méthodique, écrivain élégant; le père Cheminais, qu'on surnommait le Racine de la chaire; le P. La Rue, célèbre aussi à d'autres titres, prédi-

cateur spirituel, mais trop négligé, et enfin, Massillon, le dernier
du règne, le plus riche, le plus abondant des orateurs,

Si de la chaire je passe au barreau, je remarque un immense progrès dans la direction, dans l'ordre et l'arrangement du discours. La forme a perdu beaucoup de cette solennité pédantesque que Racine a si spirituellement ridiculisée
dans les Plaideurs ; elle s'est accoutumée aux affaires, sans
rien perdre de sa noblesse. Patru commença cette heureuse
réforme ; ses plaidoyers sont bien écrits et lui valurent l'honneur d'être reçu à l'Académie française, honneur rare pour
les Avocats ; et Pellisson, composa, pour la défense du surin-
tendant Fouquet, trois mémoires qui font honneur à son caractère et à son talent.

L'éloquence politique n'était pas née encore. Toutefois,
nous trouvons chez les historiens de ce temps et même chez
Mézeray, qui les a précédés, de longues et belles harangues,
imitées de l'antiquité ; mais on aperçoit facilement que ce sont
des œuvres d'art, composées à froid. Ce qui distingue généralement les historiens du siècle de Louis XIV, (je ne parle
pas ici de Bossuet dont j'ai tâché plus haut d'apprécier le
génie et qui, dans l'histoire comme dans les autres genres, est
une admirable exception), c'est moins la vérité des apprécia-
tions que la manière saisissante et presque dramatique avec
laquelle les évènemens sont décrits. St-Réal et Vertot confir-
ment ce jugement. Le premier, dans ses Conjurations de Venise
et des Gracques, se plaît surtout à nous peindre un caractère
à la façon de Salluste, auquel on l'a justement comparé, à nous
représenter sous des couleurs vives et pittoresques le développement de la conjuration qu'il raconte. Il donne à chacun
des personnages un caractère particulier et parfaitement composé pour concourir à l'harmonie de l'ensemble, si bien que
s'il avait voulu inventer une conjuration et des conjurés, il
n'eût fait ni autrement ni mieux : il peint un tableau plutôt
qu'il n'écrit l'histoire ; le fait historique et connu n'est pour lui

que l'occasion d'un ouvrage où il a plus en vue d'intéresser que d'instruire. Vertot, non plus, n'est pas très scrupuleux quant à l'exactitude des faits qu'il rapporte. Ses Révolutions de Portugal et de Suède, son Histoire de Malte sont habilement composées, écrites avec élégance, mais son mot fameux « *Mon siège est fait.* » nous montre assez comment il arrangeait l'histoire. Ses Révolutions Romaines sont regardées comme le meilleur ouvrage qu'il nous ait laissé ; on les lit encore avec intérêt ; les portraits sont heureusement tracés, la narration est rapide. Si la vérité historique y est plus respectée, c'est sans doute parceque Vertot, malgré son imagination, n'a pas cru pouvoir inventer les Romains plus beaux que ceux qu'il voyait dans l'histoire.

Deux historiens, pourtant, ont considéré l'histoire d'une tout autre manière ; ce sont deux ecclésiastiques, le P. Daniel et l'abbé Fleury ; l'exactitude que Daniel a apportée dans l'exposé des faits n'est malheureusement pas accompagnée de ce style intéressant et vif qui nous rend si indulgents pour les histoires peu fidèles de St-Réal et de Vertot. Son ouvrage sur l'histoire de France est fort estimable, mais on le lit peu. Fleury a composé une Histoire ecclésiastique qu'il a conduite jusqu'au Concile de Constance, et un livre sur les mœurs des Israélites et des Chrétiens. Fleury écrit purement, il inspire confiance, il intéresse, il instruit : C'est, après Bossuet, l'historien le plus remarquable du siècle de Louis XIV, il a pris au sérieux l'histoire : aussi occupe-t-il un rang honorable, non seulement parmi les écrivains, mais encore, ce qui devrait être plus précieux pour un historien, parmi les savants.

Ce n'est pas, du reste, par ces ouvrages seuls que nous devons juger l'histoire au temps de Louis XIV. Cette époque a produit beaucoup de *Mémoires*, pleins de faits, d'anecdotes, de réflexions qui peignent mieux un règne que ne pourraient le faire bien des livres. Parmi ces mémoires nous trouvons en première ligne, ceux du cardinal de Retz, dont le nom eut tant de retentissement pendant la Fronde et dont le rôle a été si diversement apprécié. Nous y reconnaissons l'homme tout entier, avec son esprit, son ambition, ses prétentions de conspirateur et de politique, son éloquence, son talent d'écrivain. On voit qu'il se drape comme sur un théâtre, qu'il joue le Catilina; et dans ce but, il n'oublie rien, ni les longues harangues, ni les conversations politiques, ni les réflexions qui voudraient être profondes et qui ne sont souvent que spirituelles. Il a fait tout ce qu'il a pu pour donner à la Fronde l'apparence d'une conjuration sérieuse : la Fronde est restée, malgré lui, une petite guerre d'épigrammes et de bons mots.

Mme de Motteville a laissé des mémoires pour servir à l'histoire d'Anne d'Autriche, mère de Louis XIV. Ils sont écrits avec l'esprit d'une dame de cour ; et l'intérêt qui s'attache à l'époque dont elle raconte les évènements et les intrigues nous fait oublier qu'elle est souvent longue dans les détails et s'arrête trop aux petites choses.

Le marquis de Dangeau, un des grands seigneurs de la cour de Louis XIV, a rapporté, presque jour par jour, ce qu'on faisait, ce qu'on disait, ce qu'on pensait à Paris et à Versailles. Voltaire a puisé dans ses mémoires une foule d'anecdotes qu'il a embellies par les charmes du récit. Je terminerai par St-Simon, dont le style ferme et concis a souvent eu l'honneur d'être comparé à celui de Tacite. St-Simon n'est pas au-dessous de sa réputation ; ses mémoires sur le règne de Louis XIV sont pleins d'intérêt et de verve. On voit qu'il n'aime pas le roi, et ce sentiment apparait même sous les éloges qu'il affecte de lui donner.

Il est une autre sorte de Mémoires qui n'est ni moins intéressante, ni moins instructive: ce sont les *Lettres*. Deux femmes, Mme de Sévigné et Mme de Maintenon, nous ont laissé des modèles dans ce genre. Il est peu d'écrivains qui écrivent aussi bien que Mme de Sévigné. Nous avons les lettres de Balzac et de Voiture : mais ces deux auteurs pensaient écrire pour tout le monde et pour la postérité : Aussi faisaient-ils grand étalage d'éloquence et de bel-esprit. Mme de Sévigné n'écrivait que pour sa fille, et, sans le savoir, elle composait des chefs-d'œuvre. Ce n'est pas seulement une femme spirituelle, c'est une femme instruite et pleine de goût. On l'admirait à la cour et dans les salons, et elle se plaisait également aux sermons de Bourdaloue et de Bossuet; elle s'intéressait aux discussions des Jésuites et de Port-Royal; elle lisait Nicole, Descartes et même St-Augustin. Peut-être, sur ce dernier point, eût-elle paru ridicule de notre temps, mais elle ne l'était pas du temps de Louis XIV, et il reste, dès-lors, à décider entre une société qui était à la fois spirituelle, sérieuse et instruite, et la nôtre où l'on n'a certainement pas plus d'esprit, et où le sérieux et l'instruction ne sont guère de mode. Mme de Sévigné tient sa fille au courant des aventures, des *nouvelles* du monde : elle lui raconte ce qu'elle voit, ce qu'elle entend, et elle raconte avec un esprit charmant, un style inimitable. Les moindres détails, en passant par sa plume, nous intéressent et nous attachent : nous y lisons en même temps l'histoire du siècle : nous suivons Louis XIV dans ses campagnes, dans ses négociations, nous le voyons à Versailles, entouré de ses ministres, de ses généraux, de ses courtisans. Rien ne manque : c'est, sous une forme agréable, une histoire exacte et complète.

Les lettres de Mme de Maintenon sont empreintes du caractère sévère et sec de cette femme ambitieuse : mais le style est pur, naturel et quelquefois charmant de simplicité.

Nous avons aussi des lettres de Racine, de Boileau et de La Fontaine; elles sont dignes de ces grands écrivains; on y retrouve l'esprit et la piété de Racine, le goût de Boileau et la bonhomie de La Fontaine. L'étude de leur caractère n'est pas moins intéressante que celle de leur génie.

On se plaît à rencontrer ce mélange du génie sublime et de

l'esprit fin et aimable. A aucune époque, ce mélange ne fut aussi heureux, aussi complet qu'au siècle de Louis XIV. Tandis qu'on assistait aux représentations des pièces de Corneille de Racine et de Molière, aux sermons de Bossuet, de Fénélon et de Massillon, tandis qu'on se prenait d'une admiration véritablepour les chefs-d'œuvre du théâtre et de la chaire sacrée, ou qu'on lisait avidement la philosophie de Descartes et les mémoires de Retz, des esprits moins élevés charmaient par des productions légères et faciles les fêtes de la cour ou les loisirs de la ville. Gombauld, Maynard, Malleville, cités par Boileau, Des Barreaux, Benserade composaient des sonnets, des *petits vers* qui ont perdu aujourd'hui tout leur prix, mais qui alors avaient beaucoup de vogue, et contrastaient singulièrement avec les chefs d'œuvre serieux du temps ; Chapelle et Bachaumont retraçaient agréablement les aventures d'un voyage que nous lisons encore, Segrais rappelait parfois l'églogue antique par une simplicité naïve qui plaisait aux grands seigneurs du 17ᵉ siècle, Mᵐᵉ Deshoulières écrivait quelques idylles charmantes, Chaulieu et Lafare égayaient leurs lecteurs par de galantes et spirituelles poésies, où la négligence même est aimable et gracieuse ; J. B. Rousseau annonçait déjà par des épigrammes et par quelques odes un talent qui devait plus tard lui être si funeste. Chaque jour, enfin, voyait naître une production nouvelle, et jamais époque, peut-être, n'aura été plus féconde pour la postérité. Le roman moderne venait à peine de se produire et déjà il avait ses chefs-d'œuvre. Ce n'étaient plus de longues et froides dissertations sur l'amour et le tendre sentiment, des discussions interminables sur le cérémonial de la passion et les devoirs des amants, comme autrefois dans Clélie, dans Cyrus et bien d'autres qu'on ne lit plus ; le roman était devenu une comédie, une satire de mœurs. Le Roman Comique de Scarron donna le signal de cette révolution dans un genre où l'esprit français a excellé. Les mémoires de Grammont, par Hamilton, présentent une narration piquante et animée et des situations fort comiques. Galland, en traduisant les Mille et une Nuits s'est acquis une place parmi les plus agréables conteurs, enfin Lesage, dans Gil Blas a surpassé ceux qui l'ont précédé. Gil Blas est un chef-d'œuvre : c'est dans un seul homme l'histoire de tout le monde. Chaque chapitre forme une scène d'excellente comédie : les caractères y sont bien tracés, le tableau brillant et le style plein de traits et de mots passés en proverbe : c'est le plus bel éloge de l'ouvrage, qui est digne de supporter la comparaison avec le fameux Don Quichotte.

Ainsi finit par le Roman ce tableau que j'ai à peine esquissé dans cette courte analyse. Toutes les gloires s'y pressent pour honorer à jamais notre langue et notre pays. Au dessus d'elles, Louis XIV les protège et les entretient. C'est lui qui pensionne Corneille, Racine et Boileau ; lui qui soutient Molière contre la cour, qui fait asseoir à sa table Molière dédaigné des grands seigneurs, lui enfin qui force son siècle à admirer le Tartufe, quelque temps méconnu. Il avait l'idée du grand, il le comprenait, il le sentait ; personne n'était mieux fait que lui pour porter une couronne ; aucun roi, d'ailleurs, ne fut mieux secondé par le génie de son peuple et l'intelligence de ses ministres. Quels hommes que Colbert et Louvois, même après Richelieu et Mazarin ! Turenne, Condé, Vauban, Duquesne ! quel peuple ! quels esprits !

Cependant à côté des lettres et sous l'œil du maître fleurissaient les arts et les sciences. Dans la peinture, le Sueur, Poussin, Lebrun, Mignard ; dans la sculpture, Puget, Girardon ; dans la gravure, Callot, l'immortel Callot et Nanteuil ; dans l'architecture, Mansard, Le Nôtre, Claude Perrault ; enfin dans la musique, Lulli, auraient suffi à la gloire de Louis XIV sans cette admirable réunion de génies littéraires, dont la renommée domine le grand siècle. Dans les sciences, Descartes et Pascal, doubles génies, Fermat, les trois Bernouilli, Fontenelle dont la plume élégante et *académique* sut embellir

et éclaircir les plus arides et les plus obscures discussions ;
Tournefort, Chardin, l'intrépide voyageur, complètent le règne
de Louis XIV et lui donnent un nouveau lustre.

C'est donc avec raison que la France oppose cette brillante époque de son histoire politique et littéraire aux grands
siècles de la Grèce et de Rome; c'est avec raison qu'elle s'en
montre fière et que, pleine de respect pour les saines traditions du goût, pour les chefs-d'œuvre qu'elles ont produits,
elle tiendra à l'honneur de les suivre, de les continuer et de
les transmettre intactes aux générations qui viendront après
nous.

Comparer les trois siècles entre eux;

Quelle influence les deux premiers ont-ils exercée sur le troisième?

C'est chose singulière et admirable que cette réunion, à un
temps donné, de grands écrivains qui font la gloire d'un siècle et d'un règne. Ces époques, que l'on peut appeler les *âges
d'or* de la littérature, viennent tout d'un coup et comme à
point à ce moment ; quelques beaux génies se produisent et
donnent l'exemple : ils s'avancent les premiers dans la carrière où ils ne tardent pas à être suivis. Ainsi avant Périclès à Athènes, à Rome avant Auguste, en France avant
Louis XIV, nous apercevons des écrivains de génie ; mais ils
sont rares, isolés dans leur siècle, et quelquefois incompris. A
ces époques célèbres dont j'ai essayé de tracer le tableau, se
révèlent subitement une nouvelle puissance dans la littérature,
une abondance de talents et un goût perfectionné chez les
peuples. Alors les mœurs se polissent ; les idées s'élèvent
en même temps que la langue s'épure, et nous assistons à l'un
de ces grands mouvemens qui ont immortalisé les noms de
Périclès, d'Auguste et de Louis.

12

Où trouver le secret de ces révolutions soudaines? Ce secret réside-t-il dans la littérature même ou dans des causes, des influences qui lui sont étrangères? L'histoire nous apprend qu'indépendamment du progrès naturel que le temps amène dans chaque chose et en particulier dans la formation du langage, il existe entre la littérature et la politique un rapport intime et constant; que le contre coup des révolutions qui traversent la vie des peuples agit fortement sur le monde intellectuel. Athènes sous Périclès était parvenue à l'apogée de sa grandeur politique; Rome sous Auguste n'avait plus d'ennemis à vaincre; et la France n'avait jamais paru si formidable que sous le siècle de Louis XIV. Remarquons ce fait pour les trois siècles qui nous occupent, et concluons que toutes les gloires se touchent et se correspondent, qu'un peuple n'est vraiment grand que par cette harmonie parfaite du génie littéraire avec la puissance politique.

La littérature s'accommode de tous les gouvernemens, pourvu qu'ils portent en eux ce caractère de grandeur que j'ai signalé plus haut. Elle ne brille pas moins sous le gouvernement républicain d'Athènes, que sous la tyrannie d'Octave et la monarchie de Louis XIV; seulement elle prend une physionomie, une forme différente suivant les temps et suivant les lieux; avec la République, sur le sol indépendant de la Grèce, elle sera fière, éloquente, expansive, pleine de chaleur et d'enthousiasme; elle sentira et fera sentir sa liberté. Sous la tyrannie d'un César, elle sera élégante, spirituelle, aimable; elle chantera le passé glorieux ou s'élancera vers l'avenir. Sous une monarchie comme celle de Louis XIV, elle paraît grande comme le roi qui la protège, délicate et polie comme la société qui l'inspire. Tantôt libre à l'excès, tantôt soumise et presque servile, tantôt sagement modérée, on peut dire que sur ce point la littérature est la fidèle expression de la société.

J'ai déjà eu lieu de comparer au patronage d'Auguste,

la protection que Périclès accordait aux lettres ; l'une désinté-
ressée, généreuse, protection de véritable artiste ; l'autre intéressé, despotique, patronage de tyran qui veut se faire aimer
parcequ'il craint la haine, et qui croit acheter par des bienfaits
donnés d'un côté, le droit de proscrire de l'autre. Louis XIV
protégeait par instinct en quelque sorte ; il n'était pas *artiste*
comme Périclès, ni tyran à la manière d'Auguste. Il voulait
ce qui est beau et grand ; il aimait les lettres dans des vues
larges et nobles ; il y voyait la gloire de son règne et de son
peuple ; sa protection était réellement nationale et royale.

Par cette différence de gouvernement et de protecteurs, on
peut juger ce que devait être la littérature aux siècles de Périclès, d'Auguste et de Louis ; et comprendre son caractère et
son génie. Mais il est une différence essentielle, immense,
sur laquelle il importe de s'arrêter avec attention. Athènes et
Rome étaient païennes, la France était chrétienne. Athènes et
Rome n'avaient sur le bien moral, que des idées imparfaites,
tirées d'une religion absurde, développées par une philosophie
contradictoire, indignes de l'esprit humain : elles n'avaient
point de règle fixe, de principes assurés ; elles n'avaient ni
unité, ni force, rien en un mot, de ce que le Christianisme seul
renfermait en lui, rien de ce que la France au siècle de Louis
XIV avait reçu de la foi chrétienne. Que l'on compare ces deux
époques, et l'on remarquera dans la littérature la différence
qui existe dans la religion, dans les mœurs, différence si glorieuse pour les temps modernes. A la place de l'Olympe païen un
Dieu unique et suprême ; au lieu de problèmes à résoudre,
des solutions certaines. Avec le *Catéchisme*, un enfant est plus
sûrement instruit sur sa destinée future que tous les sages de
l'antiquité ; avec une simple phrase de ce livre si simple, il connaît mieux la mission de l'homme sur la terre qu'il ne l'ap-
prendrait dans les livres des plus illustres philosophes. Athènes
et Rome ont eu Socrate et Cicéron ; nous, nous avons la foi,
la vérité.

C'est pourquoi le siècle de Louis XIV, par les principes moraux, par la foi est infiniment supérieur aux temps anciens ; mais, sous le rapport de la forme littéraire, il leur doit beaucoup, et les siècles de Périclès et d'Auguste ont exercé sur lui une véritable et salutaire influence.

La Grèce est, pour ainsi dire, le point de départ de notre littérature ; c'est le génie grec qui, le premier s'est rapproché de la nature et du vrai, qui a inspiré le génie latin, et qui, de Rome, est venu jusqu'à nous. Cette marche est rationelle et logique. Par une loi admirable de la Providence, l'esprit humain, survivant aux générations qui passent et se succèdent, se continue sans interruption, s'ajoute, en quelque sorte, à lui-même, et acquiert, à mesure qu'il s'avance, plus de force, plus d'étendue. Chaque époque s'enrichit des découvertes du passé et fonde à son tour pour l'avenir. Ainsi Rome a suivi Athènes et nous a transmis le génie grec augmenté du sien. Du plus, sur quels modèles et dans quel temps ont été pour la première fois tracées les règles de l'art ? sur les chefs-d'œuvre d'Euripide et de Sophocle, au sortir du siècle de Périclès, par Aristote. Ces préceptes du goût sont éternels et permanents comme le goût lui-même. Horace n'en a renouvelé que la forme, et Boileau a répété Horace. Nous avons donc emprunté à la Grèce et à Rome leurs principes littéraires, nous nous sommes instruits à leur école, notre goût ne s'est jamais égaré tant que nous nous sommes laissé guider par le goût antique, c'est-à-dire tant que nous avons exprimé la nature dont l'antiquité n'est que la vivante et parfaite expression.

C'est qu'en effet l'on n'invente pas tous les jours des principes ; une fois qu'ils ont été posés à l'imitation du modèle unique, de la nature, le génie de chaque époque doit se rencontrer nécessairement dans la route commune qui conduit au but, et il arrive alors qu'en cherchant à reproduire le modèle, on reproduit, on imite les efforts heureux du temps passé. L'expression peut devenir originale et multiple, mais les principes demeurent immuables et permanents, parce que le cœur humain, aux formes si changeantes, est cependant toujours le même dans son fond. La Grèce qui, la première a saisi la nature et la vérité, qui a inventé les principes, peut donc, ainsi que j'ai essayé de le prouver, être considérée comme le point de départ de toute littérature et en particulier de la nôtre.

D'ailleurs, indépendamment de ces preuves générales tirées de la raison et de la nature même des choses, il suffit de regarder les faits. La littérature à Rome, n'a commencé à fleurir qu'après la conquête de la Grèce, que par l'imitation des chefs-d'œuvre du génie grec apporté en Italie par la guerre. La renaissance des lettres s'est opérée au nom du grec et du latin, au nom d'Aristote et de Cicéron. Shakspeare, le génie le plus irrégulier qui ait paru, a puisé dans Plutarque, dans l'imitation grecque, les plus profondes peintures du cœur humain. Le 16e siècle tout entier avait brisé avec le 14e et le 15e pour se reporter avec enthousiasme vers les temps anciens dont il commentait, traduisait et admirait les chefs-d'œuvre. Enfin, le siècle de Louis XIV, le 17e siècle, formé de bonne heure aux études antiques, imita plus librement parce qu'il était plus instruit et plus mûr. Corneille, Racine, Boileau, La Fontaine, Molière même me serviront d'exemples.

C'est par le latin surtout que Corneille a connu l'antiquité; il n'écrivit pas sous l'influence directe de la langue grecque. Tite Livre et Tacite lui ont suffi avec les principes d'Aristote qu'il avait étudiés sérieusement et qu'il observa avec scrupule. Mais Racine est une pure émanation, si je puis ainsi parler, du génie grec: il le possède, il le sent, il l'exprime. Qui ne connaît cette scène rapportée par son fils, où, dans la maison de campagne de Boileau, à Auteuil, il traduisit à livre ouvert une tragédie d'Euripide avec tant de sensibilité que les assistans, hommes de génie comme lui, versaient des larmes ? La tragédie d'Iphigénie est pour le sentiment, pour les caractères une tragédie grecque. Que de traits empruntés à Homère même et à Euripide ! C'est aussi le théâtre d'Athènes qui lui a fourni son plus admirable personnage, Phèdre, entraînée au crime par la fatalité,

...... malgré soi, perfide, incestueuse,

et à côté de Phèdre, le caractère pur et presque virginal d'Hippolyte. Le latin fut également pour Racine une source d'imitation et de beauté; Britannicus vient de Tacite : la cruauté de Néron, la hauteur d'Agrippine, la courageuse vertu de Burrhus sont dépeintes avec l'énergie et la vigueur du grand historien. Phèdre elle-même a pris quelques traits à Sénèque. Toutefois cette imagination latine fut moins fécon-de pour Racine que l'imagination grecque, et cette différence est naturelle, puisque la tragédie, si belle à Athènes, fut pres-que nulle à Rome. D'ailleurs, la douceur, la sensibilité, l'har-monie grecque convenaient mieux au génie de notre poète; ce n'était pas seulement la pensée qu'il imitait, il traduisait souvent l'expression antique, et il demeure un des premiers écrivains de notre langue. Il possédait ce tact exquis, si né-cessaire à celui qui imite, et qui consiste à concilier la pensée et les formes de la langue qu'on parle. Racine fut donc, par l'étude de l'antiquité, par l'imitation de la tragédie grecque, et un grand écrivain et un admirable poète, en sorte que Boileau a dit avec raison

Qu'il sut ressusciter Sophocle en ses écrits,
Surpasser Euripide et balancer Corneille.

Boileau, au contraire, a emprunté principalement au latin C'est Horace qu'il imite et quelquefois Perse et Juvénal. Il fut, comme il le dit lui-même :

Studieux amateur et de *Perse* et d'*Horace*.

C'est qu'en effet il a traité les mêmes genres, l'Épître et la Satire ; l'Art poétique est presque une traduction de celui d'Horace, traduction supérieure à l'original par le plan et l'étendue. Le Lutrin rappelle souvent les épopées de Virgile et d'Homère, et c'est précisément ce qui en fait le comique. Comme Racine, Boileau traduit l'antiquité ; il conquiert à notre langue des formes nouvelles, puisées à la source du génie antique; comme Racine, il a rendu hommage à ses modèles et les a défendus généreusement dans une discussion célèbre dont je parlerai bientôt.

Le Fontaine n'a pris d'Esope et de Phèdre que le fond de la fable, l'allégorie ; mais il l'a embellie d'ornemens que lui ont souvent fournis les auteurs anciens et particulièrement Ovide ; il a dit quelque part :

Mon imitation n'est point un esclavage.

Il a emprunté peud'expressions ; sur ce point, il a découvert dans notre vieille langue des richesses dont Montaigne avait su déjà profiter avant lui , et qui convenaient parfaitement au genre simple et naïf de ses compositions ; mais par le goût il a constamment rencontré la nature et la vérité ; à cet égard, il est aussi antique que Racine et que Boileau.

Molière n'a de modèle particulier ni dans l'antiquité ni dans aucune langue. Toutefois il avait étudié les chefs-d'œuvre anciens ; il prend quelque fois à Plaute, rarement à Térence; mais il leur est tellement supérieur qu'on ne peut pas dire qu'il les imite. Il avait entrepris une traduction de Lucrèce qu'il n'a pas menée à fin ; il nous en reste un fragment dans le Misanthrope.

Ces imitations, ces traductions témoignent assez évidemment que nos grands poètes écrivaient sous l'inspiration de l'antiquité, qu'ils en tiraient le fond et quelquefois la forme de leurs chefs-d'œuvre. La prose ne lui est pas moins redevable. Balzac, le premier, avait imité l'ampleur de la phrase latine et la grandeur des expressions dans un genre, malheureusement, qui ne demande que de la simplicité et de l'élégance. Pascal, le Corneille de la prose, est plus original et plus libre ; mais les écrivains qui parurent après lui, les orateurs, les historiens, ont largement profité des modèles anciens. Bossuet les connaissait à fond, il les cite souvent, et ne craint pas de les traduire à côté même des passages de l'Écriture sainte, parceque la beauté, la vérité du langage rapproche le sacré et le profane. Fénélon est un génie *Attique* ; il imitait le grec dans sa prose, comme Racine, dans ses vers ; il le sentait aussi vivement, il l'exprimait avec la même éloquence. Ce goût pur dont il donna les préceptes dans sa lettre à l'Académie, il le porta dans tous ses ouvrages, principalement dans le Télémaque, où, dans un sujet antique, nous reconnaissons non-seulement les caractères, les mœurs décrites par Homère, mais encore les formes, la poésie des anciens temps. St-Réal imitait Salluste, et Vertot se rapproche parfois de la manière de Tite Live. — Partout, enfin, dans la prose comme dans les vers, se manifeste, au temps de Louis XIV, une vive admiration pour la littérature d'Athènes et de Rome, admiration qui s'exprima d'abord par des imitation de génie, et qui se produisit ensuite avec chaleur dans la dispute célèbre, soulevée alors par quelques esprits, touchant le prééminence des anciens et des modernes.

Deux hommes, littérateurs estimés de leur temps, mais presque oubliés du notre, Charles Perrault et Lamotte-Houdart, se mirent à la tête de cette croisade dirigée contre l'antiquité. Ils préféraient les modernes ; ils ne s'expliquaient pas ce goût général que l'on avait conservé pour les génies de Rome et d'Athènes. Ils l'attribuaient à une vieille habitude, à un respect outré pour nos ainés. Malheureusement pour eux, et c'est ce qui décide le procès, ils ne connaissaient pas ou ne connaissaient que fort peu le grec. La Motte trouvait Homère long et languissant : il voulut le refaire *à la moderne* : il retrancha douze chants de l'Illiade et mutila ainsi le plus beau des poèmes. Du reste, s'il n'avait pas le don de sentir les admirables chefs-d'œuvre de l'antiquité, il faut dire que sa polémique était pleine d'esprit et de politesse, et que, sur ce point, il l'emportait de beaucoup sur l'intrépide madame Dacier qui soutint la bonne cause avec une rare animosité. Il était juste qu'elle défendît vivement l'objet constant de ses études, Homère, Anacréon, Térence, Plaute, Horace, ses auteurs chéris ; mais ceux-ci se défendaient trop bien eux-mêmes pour qu'il fût besoin d'employer en leur faveur les armes du sarcasme et du mauvais ton. Mme Dacier aurait dû se rappeler cette maxime qu'elle citait souvent et qu'elle empruntait à Sophocle : *Le silence est l'ornement des femmes.* Sa réputation y eût gagné plus encore que sa cause qu'elle ne pouvait perdre. Racine, Boileau, qui devaient tant aux anciens, ne voulurent pas accepter l'honneur que Perrault et La Motte prétendaient faire aux modernes en les préférant : ils protestèrent avec force et avec une grande modestie contre cette préférence qui leur paraissait à la fois injuste et ingrate. Le siècle de Louis XIV pensa comme eux, et peu à peu le combat cessa faute de combattans.

Cette discussion si vive, si intéressante, occupa longtemps les esprits, elle produisit une foule d'écrits, de pamphlets, elle fit dépenser beaucoup d'esprit d'une part beaucoup de science, de l'autre ; elle eut, au moins, ce bon résultat de fortifier la réputation des anciens par les hommages mêmes de ceux qu'on leur opposait, et de déterminer l'influence que l'antiquité exerça sur la brillante littérature du siècle de Louis XIV.

Pour nous qu'un siècle déjà sépare de cette époque et qui apportons dans ce débat un égal intérêt, mais non plus la même passion, il nous est permis d'examiner la question soulevée par La Motte et Perrault. Admirateurs sincères de Corneille, de Racine et d'autres génies de leur siècle, ces deux critiques voyaient en eux non pas les disciples des anciens, mais les représentans originaux de la littérature moderne. Ils n'apercevaient pas le lien qui rattachait ces derniers à leurs modèles, ou plutôt ils ne connaissaient pas l'une des parties qu'ils mettaient en cause et attribuaient à l'autre une prééminence absolue, sans tenir compte des mérites, des productions, qui, chez les modernes mêmes, appartiennent réellement aux anciens. Ils jugeaient Homère au point de vue de leur époque et voulaient, en quelque sorte, qu'il eût écrit pour le 17ᵉ siècle. Les modernes ont sur les anciens les avantages que donnent naturellement les progrès du temps, de la civilisation, des mœurs, et, par dessus tout, l'influence d'une religion véritable ; mais les beautés qui sont dans la nature, ces beautés que le temps ne perfectionne pas puisqu'elles sont nées parfaites, que la civilisation, que les mœurs, que la religion même ne sauraient épurer, puisqu'elles ont toujours été pures, ces beautés, les plus belles de toutes, c'est l'antiquité qui, avant nous, les a découvertes et exprimées : c'est l'antiquité qui nous les a transmises : nous n'avons fait que recevoir. Les principes du goût, les règles du beau nous viennent de la Grèce et de Rome : le siècle de Louis XIV les a introduits dans notre langue, familiarisés avec notre langage : une *imitation originale*, voilà sa plus grande gloire.

Que cet exemple nous serve de leçon : n'allons pas nous figurer que nous inventerons de nouveaux principes, que nous pourrons impunément rompre avec les traditions antiques, confirmées par l'autorité du temps et des chefs-d'œuvre qu'elles ont produits. On ne dispute plus aujourd'hui sur la prééminence des anciens et des modernes du siècle de Louis XIV. La question s'est resserrée, mais elle n'est pas moins brûlante. On admet comme un fait ce qu'on discutait alors, c'est-à-dire que le 17ᵉ siècle s'est développé sous l'influence de l'antiquité, qu'il n'est que la continuation d'Athènes sous Périclès et de Rome sous Auguste. Mais on se demande si le 17ᵉ siècle est le dernier mot de la littérature, si l'esprit humain doit s'y tenir, s'il n'est pas au contraire plus digne de lui, de tenter de nouvelles routes et d'avoir confiance dans le progrès et le développement de ses forces pour inventer à son tour. Proposition séduisante et hardie, mais fausse et funeste ! — Inventez, mais en respectant les principes, qui vous sont donnés et qui ne varieront pas. La notion absolue du bien, en morale, a été posée une fois pour toutes : il en est de même des principes du beau en littérature. N'attaquez pas ce qui est ferme, solide, ce qui ne peut tomber : mais appliquez-vous à imprimer aux formes changeantes, à cette partie extérieure et temporaire de la littérature, le génie particulier, le tour original de votre époque : profitez du temps et des progrès qu'il amène, de la civilisation et des idées qu'elle inspire. Accommodez les lettres à l'esprit de votre siècle mais dans les limites de la vérité et de la raison : soyez *novateurs*, en un mot, comme l'ont été, après Athènes, le siècle d'Auguste et celui de Louis XIV.

C'est là l'enseignement qu'ils nous donnent, et je serais heureux, si j'avais réussi à le faire ressortir dans le tableau rapide que j'ai tracé de ces trois époques fameuses dans l'histoire des lettres et de l'humanité.

———

Noms des auteurs ou hommes illustres cités,

SIÈCLE DE PÉRICLÈS.

Périclès.	Alcibiade.	Lysias.	Isocrate.	Critias.
Théramène.	Gorgias.	Protagoras.		Parménide.
Anaxagore.	Zénon d'Elée.	Socrate.		Hippias.
Platon.	Aristote.	Aristippe.	Antisthène.	Euclide.
Aristophane.	Eupolis.	Cratinus.	Eschyle.	Euripide.
Sophocle.	Hérodote.	Thucydide.		Xénophon.
Polygnote.	Appollodore.	Zeuxis.	Parrhasius.	Phidias.

SIÈCLE D'AUGUSTE.

Agrippa. Antistius Labeon. Areus. Ateius Capiton. Auguste. Bibaculus. Cesar. Cassius Severus. Catulle. Ciceron. Cornelius Nepos. Gallus. Horace. Lucrèce. Mécène. Ovide. Pomponius Atticus, Properce. Salluste. Tibulle. Tite-Live. Varron. Virgile. Vitruve. Xénarque.

SIÈCLE DE LOUIS XIV.

Arnauld. Bachaumont. Baron. Bayle. Benserade. Bernouilli. Boileau. Bossuet. Bourdaloue. Boursault. Brueys. Callot. Chapelain. Chapelle. Chaulieu. Cheminais (P.) Chardin. Colbert. Condé. Corneille (P.) Corneille (Th.) Campistron. Dacier. Dacier (Mme). Dancourt. Dangeau. Daniel (P.) Desbarreaux. Descartes. Deshoulières (Mme). Ducange. Duché. Dufresny. Fénélon. Fléchier. Fermat. Fleury. Fontenelle. Galland. Gassendi. Girardon. Gombault. Hauteroche. Huet. Jouvenci (P.). La Bruyère. Lafare. Lamotte. Lancelot. La Rochefoucault. La Rue. Lafosse. La Fontaine. Lebrun. Lemaître de Sacy. Lemoine (P.). Le Sage. Lesueur. Lenôtre. Longepierre. Louvois. Lully. Maintenon (Mme de). Malebranche. Malleville. Marsan. Maynard. Mascaron. Massillon. Mignard. Molière. Motteville (Mme de). Nanteuil. Nicole. Palaprat. Pascal. Patru. Pellisson. Perrault (Ch). Perrault (Claude). Polignac (de). Poussin. Puget. Quinault. Racine. Regnard. Retz (de). Rousseau (J.-B.) Saint-Réal. Santeuil. Scarron. Segrais. Sevigné (Mme de). St-Simon. Tournefort. Turenne. Vauban. Vertot.

———

M. Charles Lavollée, âgée de 19 ans, élève de l'école normale, est l'auteur de ce mémoire.

Après plusieurs discours et plusieurs improvisations qui ne peuvent être reproduits n'ayant pas été sténographiés, on passe à la réélection des membres du bureau. Sont élus : M. le baron Pelet de la Lozère, pair de France, président titulaire, à l'unanimité; MM. de Sade, Montesquiou, Vuillefroy, Wallon, vice-présidents : les autres membres sont maintenus.

Avant de lever la séance M. le Président annonce la réunion du lendemain.

Séance du 26.

Le 26 juin à midi, la Société Racinienne se réunit en assemblée publique, sous la présidence de M. Wallon, maire de Marolles. Le bureau est composé comme la veille. Le secrétaire général fait la lecture du procès-verbal de la séance du 25.

M. le Président se lève et prononce le discours suivant :

Messieurs,

Si le talent dans l'art d'écrire et de parler donnait seul le droit d'occuper le fauteuil de la présidence dans une solennité si importante, le sentiment de ma propre faiblesse m'aurait fait renoncer à l'honneur de vous présider aujourd'hui; mais, d'après l'expression et l'esprit même de votre programme, on sait que la Société Racinienne tient compte aussi des intentions, du dévouement et d'une vive sympathie pour les lettres et les arts : c'est à ces derniers titres que j'ai cru pouvoir accepter la tâche qui m'était proposée; connaissant mes occupations et mes travaux ordinaires, votre indulgence m'excusera sans doute sur le reste.

Pour la troisième fois, Messieurs, nous nous trouvons réunis dans cette enceinte et dans le but d'offrir les récompenses promises aux littérateurs et aux artistes sortis victorieux de la lutte ouverte par nos concours; et d'applaudir aux efforts nouveaux qui ont été tentés.

L'expérience de trois années a dû nous convaincre que l'œuvre, entreprise sous le patronage de Racine et sur la terre qui a vu naître ce grand poëte, avait une base importante dont l'utilité devenait incontestable à une époque ou tant de recherches, tant d'essais et tant de découvertes semblaient remettre pour ainsi dire en question les principes acquis pour vrais sous l'autorité des noms qui sont restés illustres en dépit des novateurs.

Vous avez voulu, Messieurs, ouvrir une arène où les hommes instruits ou qui cherchent à s'instruire, pussent se fortifier par de nobles exercices; s'éclairer par de beaux exemples afin de continuer la mission, presque divine, commencée avant eux par les grands écrivains et les grands artistes des siècles précédents.

Votre voix a retenti plus loin que vous n'osiez l'espérer d'abord; car non seulement les gens de lettres et les artistes répondent à votre appel, mais encore tout ce que cette cité et ses environs possèdent de personnes de distinction, et même plusieurs hommes remarquables des départements voisins sont accourus pour sanctionner par leur présence ce que vous avez fait, ce que vous allez poursuivre.

Cet empressement est significatif et donne une garantie favorable au succès de votre association : il prouve que dans ce siècle d'effervescence, l'influence des lettres et des arts est regardée plus que jamais comme un moyen efficace pour arrêter le torrent qui sans cette digue menacerait de renverser et de détruire jusqu'à la civilisation elle même. Encouragés par de tels succès vous ne pouvez, Messieurs, que redoubler d'efforts; les difficultés locales s'aplanissent chaque jour davantage, et la Ferté-Milon, déjà riche en souvenirs histori-

ques, acquerra par votre concours et par votre zèle persévé-
rant, des droits nouveaux et légitimes à la considération de la
France entière.

Après ce discours, M. le Président proclame, 1° l'élection
des membres du nouveau bureau. 2° les noms des lauréats :

Pour l'éloge de Racine : deux médailles d'argent à l'effigie
de Racine :
M* Sophie Manéglier ;
M. Dupré, principal du collége de St-Calais.
Une médaille en bronze à l'effigie de Racine :
M. Nancey, avocat à Melun.

Pour le meilleur mémoire sur ce sujet : *Tableau comparatif
des trois grandes époques littéraires,* (voir ce mémoire page 75).
la médaille en or à l'effigie de Racine :
M. Charles Lavollée.

M. Carro, de Meaux, fait un rapport sur un travail de M.
Lambert, instituteur à Londres, qui avait envoyé trop tardive-
ment pour concourir, un fort bon éloge de Racine, contenant
une appréciation remarquable de ses œuvres.

Une cantate de la composition de Mlle Bertout, jeune aveu-
gle, est chantée par M. Guyot, de Villers-Cotterêts, et accompagnée par l'auteur. Plusieurs artistes venus de Paris : MM. Del-
no, Second, Portehaut, pour le chant, MM. Leroy, Vuillaume,
Martin fils, Mlles Martin, Bertout pour la partie instrumentale,
reçoivent les nombreux applaudissements du public pour leur
exécution.

Entre les morceaux de musique, M. de Roosmalen récite
plusieurs pièces de poésie de Racine, de La Fontaine, etc. qui
interessent vivement l'assemblée.

Le bureau vote deux médailles d'argent, l'une à Mlle Bertout pour sa cantate, l'autre à M. Martin directeur du concert, pour son zèle et en même temps comme un hommage dû au talent de tous les artistes qui ont pris part àcette solennité.

La séance est levée ; les membres de la Société se rendent à la fête publique, et se retrouvent encore le soir au bal brillant où se remarquent toutes les notabilités du pays et de ses environs.

Liste des ouvrages adressés à la bibliothèque Racinienne (1).

TITRÉ DES OUVRAGES.	NOMS DES DONATEURS.
	MM.
Aperçu sur l'Égypte, par Clot Bey.	Ducherny, ingénr en chef,
Cantate en l'honneur de Racine, paroles de Mlle Desiré Pacault, musique de M. Riballier.	Les auteurs.
Code moral du mariage. par Jacomy Reynier.	l'auteur.
Conquête de l'homme ou le puits artisien, M. Ourry.	l'auteur.
Contemplation de la nature, par Bonnet.	Nicaise, D. M.
Contes au coin du feu, par M. Carro de Meaux.	l'auteur.
Cours sur l'histoire de la philosophie, par Cousin.	Sapey de Paris.
Derniers moments de la duchesse d'Abrantès, par M. A. de Roosmalen	l'auteur.
Discours de clôture du 5e congrès historique par M. Villenave père.	l'auteur.
De l'amour considéré dans ce qu'il a de grand et de beau, id.	id.
Esprit moral et poétique du 19e siècle, par M. Louis A. Martin.	l'auteur.
Etudes littéraires et dramatiques, par M. de Renard (Athanase).	l'auteur.
Études ou discours historiques, par Châteaubriand.	Wallon.
Épisodes Vendéens par M. Carro.	l'auteur.
Épitre à Mlle Mars, par M. Ourry.	l'auteur.

(1) Suivant les statuts, chaque membre en entrant, doit donner un ouvrage à la bibliothèque. Les dons de ce genre offerts à la Société sont accueillis avec reconnaissance, comme encouragement aux lettres et cités chaque année dans le compte-rendu.

TITRE DES OUVRAGES.	NOMS DES DONATEURS.
Extrait de l'Encyclopédie des gens du monde, par M. Villenave.	MM. l'auteur.
Essais de Montaigne.	le Comte de Sade.
Essai général d'éducation, par M. Julien de Paris.	l'auteur.
Erreurs dévoilées sur la physique, — anonyme.	De Roosmalen.
Fastes de Versailles (les) poème, par M. de Chanlaire.	l'auteur.
Fanfan. id.	l'auteur.
Feuilles d'automne, par V. Hugo.	Gille.
Gerbes de poésie, par Gout Desmartres.	l'auteur.
Galerie des centenaires, p. C. Lejoncourt.	l'auteur.
Génie du christianisme, p. Châteaubriand.	Vte de Montesquiou.
Histoire de la révolution française, par M. Thiers.	A. de Vuillefroy.
Héloïse et Abeilard, par M. Villenave.	l'auteur.
Histoire critique de l'éloquence, par Lemaire.	l'auteur.
Histoire de Château-Thierry, par l'Abbé Poquet.	l'auteur.
Histoire de Soissons, par Leroux.	Fossé Darcosse.
Itinéraire de Jérusalem, par Châteaubriand	Caillard.
Impressions de voyage, par A. Dumas.	Bligny d'Essomes.
Inspirations, poésies, par Mlle Désirée Pacault.	l'auteur.
Institut de France, par Villenave.	l'auteur.
Martyres des rois (les) poème, par Gagne, avocat.	
Mémoires de Mme Roland.	Mme Wallon.
Notre-Dame de Paris, par Victor Hugo.	Millet.
Nostalgie, poème par M. de Chanlaire.	l'auteur.
Orateur (l') cours complet de débit et d'action oratoires, par A de Roosmalen.	l'auteur.

TITRE DES OUVRAGES.	NOMS DES DONNATEURS.
Opinion de Napoléon, par le comte Pelet de la Lozère.	MM. l'auteur.
Œuvres complètes de J. Racine.	Le duc de Poix.
Œuvres complètes de L. Racine.	Chartier.
Œuvres de Malherbe.	Billet Bligny,
Id. Boileau Despréaux.	Id.
Id. J. B. Rousseau.	Id.
Œuvres de Feletz.	Id.
Odes et Ballades de V. Hugo.	Milet,
Œuvres de Lord Byron.	Masson fils.
Œuvres poétiques de Magu.	l'auteur.
Otia, poésies nouvelles, par M. Wains des Fontaines.	l'auteur.
Poëme de l'éducation par M. Boyer du Mans.	l'auteur.
Primeroses, Lys et Marguerites, poésies par M. Nibelle.	l'auteur.
Palinodie. id.	Id.
Parole (la) Revue (1843, 1844) et Recueil de chefs-d'œuvre A. de Roosmalen.	l'auteur.
Poésies de Vains des Fontaines.	l'auteur.
Principes d'administration, par Vuillefroy.	l'auteur.
Reflexions sur les œuvres de Shakspeare, par Patison Hunter.	l'auteur.
Suicide (le), par M. Gagne, avocat.	
Tour de Londres (la), drame, par A. de Roosmalen.	l'auteur.
Vie de Charles V, par l'abbé Barthélemy	l'auteur.
4e Voyage chez les Hottentots, anonyme.	
Voyage d'Auvergne, p. Legrand d'Aussy.	l'auteur.
Voyage du jeune Anarchasis,	Le duc de Poix.
Les Voix intérieures, par V. Hugo.	Milet.

Liste générale des membres de la Société Racinienne.

MM.

Le colonel AMOROS, directeur des Gymnases de France, à Paris.

BADEIGTS DE LA BORDE, ancien commissaire de marine en chef, chevalier de la Légion-d'Honneur.

Mme BADEIGTS DE LA BORDE, à La Ferté-Milon.

BAHU, avoué à Château-Thierry.

Le Baron de BARANTE, de l'Académie Française.

L'abbé BARTHÉLEMY, chanoine à Paris.

BERNIER, négociant à Marolle (Oise).

BERTHOUT, pharmacien à La Ferté-Milon.

BILLET-BLIGNY, négociant à La Ferté-Milon.

BLIGNY, ancien notaire à Essomes.

BON LECAMUS, receveur des finances à Riom (Puy-de-Dôme).

BOYER du Mans, ancien professeur de rhétorique.

BOUCHARD, propriétaire, adjoint au maire de La Ferté-Milon.

L'abbé CAISSARD, vicaire à Fère en Tardenois.

CARRO, homme de lettres à Meaux.

Le vicomte DE CHATEAUBRIAND, de l'Académie Française, à Paris.

CUFFER, propriétaire à La Ferté-Milon.

CUVILLIER, négociant à La Ferté-Milon.

DELPHIS DE LA COUR, à Loches (Indre-et-Loire).

DESMOULINS, propriétaire à la Ferté-Milon.

M. DESMOUSSEAUX DE GIVRÉ, ancien préfet de l'Aisne.

DESPEAUX, médecin à Crouy-sur-Ourcq.

DIEU, greffier au tribunal, Château-Thierry.

DUCHANOY, ingénieur en chef honoraire, Paris.

DUNAN, professeur de chant à Paris.

DUPATY, de l'Académie Française à Paris.

FANEAU DE LA COUR (Auguste) à Chatellerault (Vienne).

Le Baron ÉMILE FANEAU DE LA COUR, à Loches (Indre-et-Loire).

MM.

Fittremann, avoué à Château-Thierry.

Flourens, de l'Académie Française, à Paris.

E. Fossé-Darcosse, imprimeur à Soissons.

Gatté, négociant à La Ferté-Milon.

Gencourt, architecte, à Soissons.

Gleize, docteur médecin à La Ferté-Milon.

Gout des Martres, avocat à Bordeaux.

Jay, de l'Académie Française.

De Jouffrey, avocat à Paris.

De Jouy, de l'Académie Française à Paris.

Julien de Paris, à Paris.

Lafitte, docteur médecin à La Ferté-Milon.

Charles Lavollée, homme de lettres à Paris.

Paul Lavollée, Directeur du commerce à Paris.

Laurens, professeur, à Soissons.

Lecointe, homme de lettres, à Laon.

Lefebvre, pharmacien à Château-Thierry.

Lefrançois, docteur médecin, à Neuilly St-Front.

Legros, intituteur, à Veully.

Lemaire, député de l'Aisne, à Nanteuil.

Lemaire, propriétaire, à Saint-Pierre-Aigle.

Lorin (Théodore), homme de lettres, à Vauxbuin.

Magu, tisserand, homme de lettres, à Lisy.

Massé Tronchain, négociant, à Villers-Cotterets.

Masson, cultivateur, à Macogny.

Masson père, à La Ferté-Milon.

Masson fils, à La Ferté-Milon.

Milet (Auguste), notaire, à La Ferté Milon.

M. le comte Molé, de l'Académie Française à Paris.

Le vicomte de Montesquiou, propriétaire, à Long-Pont.

Mme la Baronne de Morell, au château de Lisy.

Nérat de l'Eguisé, sous-préfet, à Château-Thierry.

M. Nibelle, avocat à Paris.

MM.

Mme la vicomtesse de Noailles, à Mouchy.

Ortolan, professeur de l'école de droit, à Paris.

Odent, notaire, à Villers-Cotterêts.

Paulze d'Ivoy, préfet du département de l'Aisne.

Le comte Pelet de la Lozère, Pair de France, à Paris.

Le duc de Poix, à Burnonville.

Mlle Sabine de Poix,   id.

de Pongerville, de l'Académie Française, à Paris.

L'abbé Poquet, curé de Nogentel.

Potel, propriétaire, à La Ferté-Milon.

Riballier, maître de chapelle, à Soissons.

de Roosmalen, homme de lettres, à Paris.

Mlle Pauline de Roosmalen, à Paris.

Le comte de Sade, député de l'Aisne, à Condé.

Mme la princesse Constance de Salm, à Paris.

Le comte de Salvandi, de l'Académie Française.

C. A. Sapey, avocat, à Paris.

Taillandier, homme de lettres, à Paris.

Tabart fils, négociant, à La Ferté-Milon.

Alexis de Tocqueville, de l'Académie Française, à Paris.

Verelle, professeur, à Château-Thierry.

Viennet, de l'Académie Française, à Paris.

Villiot, percepteur, à Faveroles.

Villenave père, homme de lettres à Paris.

de Vuillefroy (Amédée), maître des requêtes, à Silly.

Wallon, négociant et maire de Marolles.

Wallon (Hippolyte), à Marolles.

FIN.

EXTRAIT DES STATUTS DE LA SOCIÉTÉ RACINIENNE.

La Société Racinienne est instituée en l'honneur du grand Racine. Sous ce patronage, les membres ont tous pour but d'encourager les lettres et les arts.

La Société Racinienne décerne en séance publique, des médailles ou des prix à titre d'encouragement.

Le siége de la Société est fixé à La Ferté-Milon, ville qui a vu naître Racine.

La réunion générale des membres a lieu chaque année ; (1) le dimanche 23 ou 24 juin, ou celui qui suit ce dernier jour. Cette solennité est précédée d'un Congrès littéraire et artistique.

Cette Société se compose de quatre classes : la première renferme les membres honoraires ; la seconde les personnes qui par leur position, par leur influence et par leur exemple, veulent encourager l'association. Ces membres paient une cotisation de vingt francs ; la troisième, les gens de lettres, les artistes, les savants qui peuvent contribuer par leurs travaux et par leurs talents à l'éclat de la société, cette classe est limitée à soixante membres qui paient chacun une cotisation annuelle de cinq francs ; la quatrième, les membres associés qui désirent rendre hommage au nom de Racine par une adhésion publique. Parmi ces membres se trouvent aussi ceux qui sont inscrits comme candidats à la première ou à la troisième classe, le cadre de ces classes étant rempli.

Les femmes sont admises au nombre des membres.

Le diplôme est de 5 francs.

_____

(1) Un comité est établi à Paris. Il se réunit une fois par mois, et peut aussi avoir des séances publiques.

S'adresser :

A La Ferté-Milon, à M. Badeigts de la Borde, secrétaire général.

A Paris : à M. de Roosmalen, vice-président honoraire, représentant de la Société.

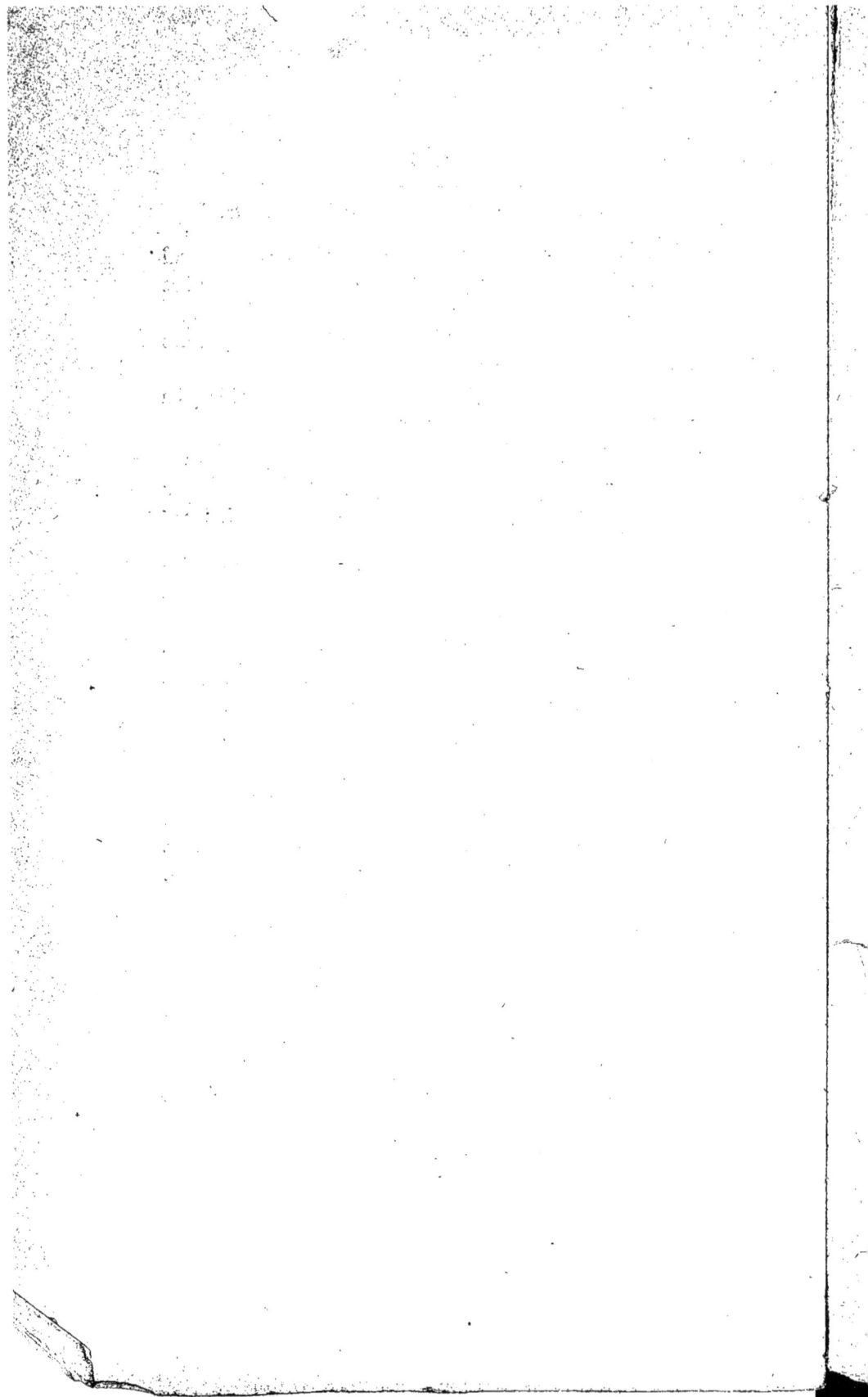

www.ingramcontent.com/pod-product-compliance
Lightning Source LLC
Chambersburg PA
CBHW050127210326
41519CB00015BA/4132